제 7의 감각

누구들았 쉬워 읽는 인간 관계 운영 법

제7의 공주

글쓴이 박성준

동학사

들어가는 말_

인간관계에는
눈에 보이지 않는 신호가 있다

사람과 사람 사이에 일어나는 다양한 신호를 제대로 이해하는 것만큼 중요한 일이 또 있을까? 예를 들어, 대화의 흐름을 놓치거나 상대의 기분에 아랑곳하지 않고 자기 얘기만 한다면 그 사람은 어떻게 될까? 말하는 방법이나 표정, 단어에서 상대가 원하는 것을 제대로 읽고 몇 단계 진전된 대화로 끌어가는 순발력은 상황을 제대로 읽어야 가능하다.

상대가 말할 때 내가 하고 싶은 말을 정리하느라 시간을 보내지 말고, 상대가 말을 이어가는 방식이나 태도를 유심히 살펴보며 대응해야 한다. 그렇지 않으면 좋은 기회를 날려 버릴 수 있다.

대화는 본래 일목요연해야 그 내용이 상대에게 제대로 전달된다. 하지만 때와 상황에 따라 흐지부지 넘어가는 대화도 있다. 요점 없이 빙빙 둘러대는 대화도 일종의 의사소통 과정이다. 주제가 불분명한 대화도 기본적인 의사소통 방법 중 하나다.

상대의 눈빛이나 표정, 시선과 손놀림, 음성, 전반적인 태도를 보면 이 관계가 진전될지 아니면 어느 선에서 끝날지 가늠해 볼 수 있다.

"계약하겠습니다"라는 말을 들어야만 계약 여부를 아는 건 아니다. 물론 그 말을 꺼내야 공표하는 모양새가 되지만, 회의나 메일을 주고받는 과정을 통해 어느 정도 예측 가능하다.

"사랑해"라는 말을 들어야만 사랑 받는 건 아니다. 말하지 않더라도 그 사람의 배려, 나에게 하는 말, 행동, 태도 등을 통해서 예측할 수 있다.

오감과 이 오감五感을 넘어서는 육감六感, 그리고 뇌로 느끼고 받아들이는 칠감七感에 이르기까지 모든 감각을 열고 상대를 봐야 한다. 이렇게 상황에 몰입함과 동시에 전체적인 에너지를 느끼고 받아들여야 잠들어 있던 잠재능력이 깨어나고, 꿈에 의한 예지도 가능하다. 그렇게 되면 일, 사랑, 돈, 무엇이든 성공하고 얻을 수 있다.

또 일이나 사람을 만나는 초기에 일어나는 사건들은 주의 깊게 살펴봐야 한다. 누군가 만나는 날이나 중요한 약속이 있는 날 교통사고가 나거나 신호위반으로 과태료를 내는 일이 생기거나 한다면, 혹은 그 밖의 사소한 일이라도 안 좋은 신호가 쌓이는 것은 지금 하려는 일이나 관계에 대한 일종의 경고다. 따라서 이런 경우 더 주의하고 면밀하게 검토한 뒤 일을 진행하는 것이 좋다.

인생에서 신호는 말이나 태도, 얼굴 표정 등 다양한 형태로 나타난다. 이것들에 지나치게 얽매일 필요는 없지만, 어느 정도 주의하는 마음가짐은 가져야 한다. 그리고 이런 신호를 보는 훈련을 매일 반복한다면, 어느 순간 퇴화된 동물적 감각이 인생을 변화시킬 수 있을 만큼 발달할 것이다. 여러분의 눈앞에 그날이 빨리 찾아오길 빈다.

2015년 1월
박성준

CONTENTS

들어가는 말 004

PROLOGUE 프롤로그, 첫인상
만나지 않아도 알 수 있다

표정에 그 사람의 이면이 드러난다 013
버스는 이미 떠났다 016
오해와 진심 018
시작 단계의 오해는 관계의 끝을 의미한다 022
과학의 한계 025
철학과 자기성찰로 과학의 한계를 극복할 수 있다 027

PART 1 예감과 통찰력
운명을 보는 힘

01 누군가를 만나러 가는 길에는 전조前兆가 있다 033
02 나쁜 징조에 대한 대처법 038
03 처음에 사랑하지 않은 것을 사랑하지 말라 046
04 오감이 맞는 사랑을 하라 049
05 어딜가나 진상은 있다 056
06 걱정하는 일은 대부분 일어나지 않는다 062
07 급하면 보이지 않는다 066
08 통찰력이 필요하다 070

09 통찰력에는 사람에 대한 관심이 있어야 한다 075

박성준의 사람보는 TIP
꿈은 육감을 넘어서 뇌로 느끼고 받아들이는 칠감이다 079

SNS로 운명 읽기_1
프로필 사진과 상태 메시지로 상대를 읽는다 082

PART 2 얼굴과 몸
증명사진 하나면 충분하다

01 첫인상 읽기 087
02 얼굴만 봐도 그 사람과 나의 미래가 보인다 091
03 눈은 관상의 중심이다 095
04 귀함과 출세운이 있는 얼굴 099
05 재물운이 넘치는 얼굴 102
06 사기꾼은 눈빛으로 알 수 있다 105
07 바람둥이 상은 따로 있다 111
08 노처녀, 노총각 상은 어떤 얼굴일까 119
09 악질형 인간 피하는 법 125
10 위선자는 평생 알게 모르게 피해를 준다 130
11 멍청한 사람도 일단 피하고 보자 133
12 수술과 시술로 인생이 변한다?! 135
13 화이트닝이 아니라 브라이트닝이 운명을 바꾼다 137
14 관상과 체상으로 보는 남녀 빈천상貧賤相 140

박성준의 사람보는 TIP
손금으로 상대의 운을 읽는다 142

SNS로 운명 읽기_2
미팅 전 주고받은 메시지를 살펴라 144

PART 3   이름과 집
         이름, 생일, 사는 곳이 곧 그 사람이다

         01 이름과 본질 149
         02 생년월일시를 보면 그 사람의 성향이 보인다 152
         03 음양의 조화가 운을 트이게 한다 165
         04 관리능력이 있는 남자가 제대로 된 여자를 만난다 171
         05 소속되기 싫어하는 여자에겐 남자가 없다 179
         06 궁합으로 어떤 관계가 될지 예측한다 186
         07 공간을 보면 그 사람을 알 수 있다 191
         08 장소에도 격이 있다 199

         박성준의 사람보는 TIP
         음성, 말투와 습관으로 상대를 파악한다 203

         SNS로 운명 읽기_3
         말줄임표(…)도 신호다 206

부 록   첫 만남
         언제, 어디에서, 어떻게 만나야 하는가

         01 첫 만남, 어떻게 만나야 하는가 211
         02 나를 돋보이게 하는 장소는 따로 있다 215
         03 카페에도 명당이 있다 221
         04 상대방과 정면으로 마주보는 위치는 피한다 224
         05 자신의 장소에 초대한다 227
         06 기가 눌려서는 곤란하다 229
         07 이미지를 그리고 꿈을 꾼다 232
         08 박수칠 때 떠난다 236

제 7의 감각
PROLOGUE

표정에 그 사람의 이면이
드러난다

프롤로그, 첫인상

만나지 않아도 알 수 있다

버스는 이미 떠났다

철학과 자기성찰로
과학의 한계를 극복할 수 있다

철학과 자기성찰로
과학의 한계를 극복할 수 있다

프롤로그, 첫인상

만나지 않아도 알 수 있다

제 7의 감각

표정에 그 사람의 이면이 드러난다

> 미소 짓는 얼굴을 보면 상대가 나에게 호감이 있다고 생각하고, 미간을 찌푸리며 잔뜩 인상 쓰고 있으면 뭔가 고민하거나 풀리지 않는 문제가 있다고 판단한다.

입가에 가득한 미소와 함께 눈웃음을 짓고 있다면 즐거운 일로 기뻐하거나, 지금 벌어지고 있는 상황이 재미있어 즐거워한다고 생각한다. 또 눈물이 그렁그렁 맺혀 금방이라도 울 것 같은 얼굴을 하고 있다면 견디기 힘든 상처로 아파한다고 생각한다.

하지만 웃어도 어색한 분위기를 어물쩍 넘기기 위한 웃음이 있고, 상대방의 호의를 공손히 거절하는 가벼운 웃음도 있다. 정말 싫은 사람 앞에서 티 내지 않으려고 살짝 웃기도 하고, 무리한 제의에 멋쩍게 웃기도 한다.

웃음의 모양이나 전체적인 표정에 따라 그 감정은 전혀 다를 수 있다. 웃음은 단지 기쁨이나 즐거움뿐만 아니라 다른 여러 가지 감정도 표현할 수 있기 때문이다.

사실 여기까지는 대부분의 사람이 알고 있다. 선천적으로 직감이나 느낌, 영감이 발달하지 않은 사람이라도 이 정도 감정이나 상태 변화는 읽어낼 수 있다. 왜냐하면 본인도 그렇게 하고 있으며, 직접 겪고 느껴봤기 때문이다.

문제는 사람마다 그 근본이 되는 타고난 성향이 다르다는 데 있다. 일반적으로 파악 가능한 의도를 넘어선 웃음이 있다면, 그 웃음의 의미가 전혀 다를 수 있고, 심지어 그 웃음이나 울음이 자신의 상황을 바꾸는 수단으로 활용되기도 한다. 즉, 눈에 보이는 것이 전부가 아니다.

따라서 개개인의 근본과 타고난 성향을 읽고 겉으로 드러난 표정 뒤에 숨은 감정을 올바로 파악해야 한다. 그러지 않으면 잘 웃는 사람을 그저 좋게 판단하는 식의 오류에 빠지기 쉽다. 인상 좋은 사람들 중에도 악인惡人은 얼마든지 있다. 오히려 잘 웃지 않고 차가워 보이는 인상의 사람들이 겸손하고 심성이 착하고 어진 경우가 많다.

제 7의 감각

버스는 이미 떠났다

우리가 살아가는 동안 가장 괴롭고 억울한 일이 있다면 분명 오해 받는 일일 것이다. 자신이 의도하지 않았음에도 사람들 시선이 달라진다면 정말 답답하다.

하지만 반대로 생각해보면 자신이 상대를 오해하여 제대로 파악하지 못한 채 잘못 말하거나 행동한 경우도 많다. 세상에 선과 악이 있다고 하지만, 그 경계는 불분명하다. 단지 애매한 상태의 선과 악이 있을 뿐이다. 세상의 모든 이치가 마찬가지다. 좋고 싫은 것도 그렇고 사랑하고 미워하는 것도 그렇다. 이렇게 어중간한 감정 상태가 되기 쉽기 때문에 상대를 제대로 파악하기는 더더욱 어렵다. 자기감정이나 마음도 제대로 알기 어려운 마당에 남의 마음을 꿰뚫어 보는 것은 보통 관찰로 불가능하다.

이렇게 내가 오해받거나 상대를 잘못 파악하여 엉뚱한 말이나 행동을 한 경우 중 그 괴로움도 후자가 훨씬 크다. 왜냐하면 자신의 말과 행동이 개입되어 있기 때문이다. 타인에 의해 벌어진 상황도 괴롭지만 내가 다르게 말하고 행동했다면 얼마든지 다른 결과를 얻을 수 있었기 때문에 후회의 정도가 다르다. 엎질러진 물은 다시 담을 수 없다.

제 7의 감각

오해와 진심

뜻하지 않게 오해받아 괴롭기도 하고 남을 오해해서 미워하기도 한다. 때로 눈에 보이거나 귀에 들리는 것 이면의 진실은 상처가 된다. 이럴 땐 오직 상대에게 진심을 전하면 될 것 같지만 그것도 쉽지 않다.

오히려 심각한 분위기가 상대에게 부담이 될 수 있고, 저자세로 길어지는 말에 귀 기울이지 않을 수도 있다. 본인은 이미 오만 가지 상상과 생각으로 혼란스럽고 절박하겠지만, 듣는 상대는 웬만한 공감능력의 소유자가 아닌 이상 받아들이기 힘들다.

수많은 오해와 왜곡된 진실로 큰 상처를 받는 이런 세상에서 사람을 제대로 읽는 것은 반드시 필요하다. 그래야 오해 없이 마음을 전달할 수 있고 좋은 인연을 지속시킬 수 있다.

아무리 100세 시대라도 부모와 형제를 제외하면 평생의 인연은 많지 않다. 심지어 같은 핏줄이라도 이런저런 이유로 거리를 두고 살아가는 경우도 많다. 부모와 형제를 제외하고 길게 볼 수 있는 관계는 부부와 자녀, 그리고 친하게 지내는 친구 몇 명일 것이다. 그런 친구가 초등학교 동창일지라도 100세 기준으로 90년 동안 한 달에 한 번 만났다고 치면 그것도 고작 1,080일, 2.95년에 지나지 않는다. 부모, 형제, 부부, 자녀를 제외한 가장 친한 친구들과 함께 할 수 있는 시간이 100세 평생에 2.95%다. 하물며 업무로 만나거나 약간의 친분만 있는 관계는 말할 것도 없다.

100세라는 것도 건강하게 잘 살았을 때의 기준이다. 상대의 건강도 고려해서 함께 100세를 살 확률도 적거니와 한 달에 한 번씩 계속 만나는 것도 어려운 일이다. 또, 한 번 만나는 것이 24시간을 함께 한다는 의미도 아니므로 양적 기준이긴 하지만 실제 한 사람의 인연과 1,080일, 2.95년도 온전히 보낼 수 없다. 이렇게 따지고 보면 인생 100세 기준으로 약 1

년, 즉 1% 정도를 같이 보낸 사람은 가치 있는 인연이라 할 수 있다.

사랑하는 사람을 만나 100일이나 1년을 기념하여 선물을 주고 나름대로 파티를 한다. 1년은 짧은 시간이 아니기 때문에 서로의 만남을 축하하는 것이다. 나아가 남녀가 1,000일 만났다면 2.73년 동안 만난 셈이므로 서로를 충분히 이해했다고 말할 수 있는 시간이다.

한번 맺어진 인연이라면 최선을 다하고 혹여 그 인연이 다했다면 아름답게 보내주는 것이 필요하다. 만남은 둘의 동의에 의해 시작되지만 끝은 한 사람에 의해 이별할 수 있으니 만남보다 이별이 항상 더 쉽게 이루어진다.

평소 마음을 의지하는 형이 있다. 그 형이 진행하는 영화제에 같이 간 적이 있는데 늦게까지 술을 마시고 숙소에 들어갔다. 그리고 축구 국가대표팀 경기까지 보느라 평소보다 늦게 잠이 들었다. 아침 8시 조금 넘어 형에게 전화가 왔다. 우리는 가볍게 아침 식사를 한 뒤, 한참 동안 카페에서 이야기를 나누었다. 그때 그가 말하는 모습을 보며 이런 느낌을 받았다. '어제 일정으로 꽤 힘들 텐데 나에게 최선을 다하고 있구나. 지금 이 관계에 열정이 넘치는구나.' 지금 다시 떠올려봐도 당시 그냥 아는 동생에 불과했던 내게 최선을 다했던 그의 모습은 쉽게 지워지지 않는다.

상대와 나를 제대로 읽으려는 노력이 없으면 진심을 말할 기회마저 잃을 수 있다. 사람을 잃는 것처럼 슬픈 일도 없다. 억지로 기회를 만들어 봤자 전처럼 자신의 말에 귀 기울이지 않을 것이다.

오해는 일상에서 수시로 발생한다. 사람은 자기가 보고 싶은 것을 보고, 믿고 싶은 것을 믿으면서 그것을 마치 사실인 양 단정 짓기 때문이다. 그리고 한번 단정 지은 결론에서 쉽사리 물러서지 않는다.

그 결론은 타고난 천성이 반영된 것이기도 하고, 이제껏 살아오면서 겪은 경험을 통해 내면화되어 바꾸기 어렵다. 한 사람의 근본과 그 근본으로 살아온 세월 속에서 성향은 굳어지기 마련이다.

사랑하는 사람의 마음을 얻기 위해서 상대의 마음을 읽어야 하고, 계약을 성사시키기 위해서도 상대의 의중을 꿰뚫어 봐야 한다. 투자도 마찬가지다. 부동산이건 주식이건 투자의 매력을 느끼고 가치를 평가하는 것은 결국 사람이기 때문에 사람을 제대로 보고 때를 기다릴 수 있어야 한다. 매력적인 투자처와 주식에 대한 사람들의 기대감을 읽어야 한다.

제 7의 감각

시작 단계의 오해는 관계의 끝을 의미한다

일이나 사랑의 초기 단계에서 상대를 제대로 읽는 능력은 특히 중요하다. 조금이라도 뭔가 맞지 않는다면 언제든 방향을 틀거나 멈출 수 있는 시기이기 때문이다.

'시작이 반이다'라는 말은 무엇인가를 단순히 '시작'한다는 의미가 아니라 올바르게 잘 된 '시작'을 의미한다. 제대로 시작된 이상 그 관성에 의해 결과가 나올 때까지 어느 정도는 순조롭게 진행될 가능성이 높다는 말이다.

모든 일에는 관성이 있다. 멈춰있던 물체는 계속 멈춰 있으려 하고, 한 번 탄력을 받아 움직인 물체는 쉽게 멈추지 않는다. 마음이나 인간관계도 비슷하다. 잘 열리지 않는 마음이라도 어떤 계기로 한번 열리면 다툼과 실망과 어려움이 있어도 닫히기 어렵다.

회사에 입사해서 처음 한두 달은 여러 고민이 생기지만, 그 시기를 잘 넘기면 어느덧 '내 직장이 여기구나' 라고 느껴질 때가 있다. 그러면서 6개월이나 1년 정도는 어려운 취업을 해냈다는 즐거움과 함께 새로운 일을 배우느라 정신이 없다. 하지만 1년, 3년, 5년, 10년 단위로 직장생활에 위기가 찾아온다.

자신이 진정 원하는 일인가 고민하면서 회의감에 젖기도 하고, 극도의 좌절감에 불행함까지 느낀다. 그토록 원했던 직장은 스트레스만 주는 공간이 되어 버렸고, 출퇴근 러시아워는 나를 더욱 지치게 할 뿐이다. 하지만 그 시기를 잘 넘기면 또 몇 년은 잘 지낼 수 있는 관성이 생기게 된다.

사랑을 얻는 과정도 이와 비슷하다. 누군가의 소개를 받아 일대일로 만나는 상황이 아니라면 그것이 술자리건 모임이건 간에 어쨌든 '제3

자'가 있게 마련이고, 그런 외부 요인을 완전히 무시할 수 없다. 왜냐하면 둘 사이의 관계를 깨거나 좋지 않은 영향을 미칠 수 있기 때문이다. 세심한 배려와 행동으로 오해 사는 일이 없도록 해야 한다.

그리고 하나 더 주의할 것이 있다. 지금 둘 사이의 신호가 아무리 좋다는 확신이 든다 해도 이것만은 기억해야 한다. 확실한 것은 지금 '너와 내'가 같은 시간과 공간에 있다는 것일 뿐 잠시라도 한쪽의 마음이 뒤틀리면 이 관계는 이내 제로⁰인, 아무것도 아닌 사이로 변할 수 있다는 사실이다.

사랑은 둘의 동의하에 시작되지만, 이별은 한쪽의 의사만으로 결정되기 때문이다. 그리고 시작 단계에서는 그저 연락을 안 하는 것만으로도 그 의사를 전할 수 있다. 따라서 처음에는 둘이 함께 있는 시간에 더욱 최선을 다하는 것이 좋다.

제 7의 감각

과학의 한계

> 우리가 흔히 알고 있는 인간관계에 대한 보편적 논리는 문제가 있다. 사람마다 지문이 다르듯 그 성향도 얼핏 비슷해 보이지만 다르기 마련인데, 이런 천성과 사회적 동물로 생활하면서 발달한 성향을 무시하고 인간을 범주화하면 곤란하다.

물론 마음이야 알겠다. 간절함은 이해한다. 하지만 인간은 단순한 동물이 아니다. 사람들은 단지 규정하고 나누면 알 수 있다고 믿을 뿐이다. 실험을 통해 과학이라는 이름을 붙여 수치화하지만 이는 언제나 한계에 부딪친다.

과학이 아무리 발달했다고 외쳐 봐야 우주에 과학적으로 설명할 수 있는 물질은 5%도 되지 않으며, 세상에는 과학으로 설명할 수 없는 수없이 많은 기괴한 일들이 일어나고 있다. 다만 그런 일들이 과학적 검증을 거치지 않았다고 해서 비과학적이라는 둥, 우연일 뿐이라는 둥 쉽게 말하고 있을 뿐인지도 모른다. 과학으로 모든 것을 파헤칠 수 있다면 좋겠지만 그것만으로 부족하다.

우리는 음양陰陽의 기초가 되는 주역周易의 태극太極과 8괘 중 그 모양이 뒤집어도 변함이 없는 4괘가 국기國旗인 태극기太極旗의 한가운데 박혀 있는 나라, 대한민국에 살고 있다.

만물은 음양陰陽으로 나눌 수 있고, 그 음양의 조화가 국기國旗에 명시된 나라에 살고 있는 것이다. 따라서 음양陰陽에 기반한 사주나 궁합, 관상, 풍수, 작명과 같은 학문의 논리를 무시하는 건 어불성설이다.

제 7의 감각

철학과 자기성찰로 과학의 한계를 극복할 수 있다

> **인**간관계에서도 이런 음양陰陽을 통해 사람을 읽어내고 볼 수 있다. 기본적인 이론도 중요하지만 사람을 보고 첫눈에 드는 느낌도 무척 중요하다. 그러니 느낌이나 영감, 직감으로 사람을 바로 알 수 있는 능력을 키우는 것이 필요하다.

타고난 성향과 그 성향으로 살아온 세월 속에서 발달된 감각으로 성격을 바로 보는 것이 일반인 관점에서는 인상이고, 거기서 조금 깊게 들어간 것이 관상이다.

굳이 관상이라는 학문을 따로 공부하지 않아도 우리들 삶에 인상과 관상은 깊이 들어와 있다. 누구나 자신의 경험을 바탕으로 이렇게 생긴 사람은 준 것도 없이 밉고, 이런 얼굴은 호감이 가서 자꾸 뭔가를 주면서 친해지고 싶은 마음이 든다고 말한다. 이렇게 판단하는 것이 관상의 시작이다.

사람을 보고 "생긴 대로 논다"느니 "저 생긴 것 좀 보라"느니 하는 건 얼굴이 못생기거나 조화롭지 못한 것뿐만 아니라 그 이면에 있는 비열하고 비루한 모습에 대한 비난이다.

관상은 인생 전반에 영향을 미친다. 그 영향으로 인생에서 일어나는 수많은 일들에 대응하는 근본적인 원칙과 자기 논리가 형성되며, 그러한 대응이 모여 인생을 만든다.

영화 〈올드보이〉에서 지극히 평범한 회사원이었던 주인공은 영문도 모른 채 감옥에 갇힌다. 우연히 TV를 통해 아내가 살해되고 더군다나 자신이 살인범으로 지목되고 있음을 알게 된다. 이에 8평짜리 감옥에서 체력 단련을 하며 자신을 가둘 만한 사람들이나 사건들을 모조리 기억 속에서 꺼내 자서전을 작성한다. 이렇게 15년 동안 만두만 먹으며 쇠 젓가락으로 탈출구까지 마련하고, 그즈음 어이없게도 15년 전 납치됐던 장소에 풀려나 있는 자신을 발견한다.

영문도 모른 채 감옥에 갇혀 15년 동안 만두만 먹는다면 보통의 경우 괴로움에 더 이상 만두를 먹지 못하거나 아니면 모든 것을 포기하고 만족하며 살아갈 것이다. 어떻게 해도 도망칠 수 없는 상황이기 때문에 쉽게 단념할 수 있다. 하지만 사람은 본성과 근본을 건드리는 문제에 부딪쳤을 때 비로소 본연의 모습이 드러난다.

또 관상뿐만 아니라 몸의 상, 즉 체상을 통해서도 귀함과 천함, 빈부貧富를 알 수 있고, 말투에서도 그 한 마디 한 마디에 담긴 미묘한 심리를 읽을 수 있다. 목소리 톤과 몸짓 등을 통해서도 전체적인 분위기를 느낄 수 있고, 이를 바탕으로 '이 사람은 이런 사람이다'라고 판단할 수 있다. 잘못 판단하면 순식간에 인생이 꼬일 수 있기 때문에, 제대로 된 판단 능력을 키우는 것은 그만큼 중요하다.

제 7의 감각
PART 1

누군가를 만나러 가는 길에는
전조가 있다

처음에 사랑하지 않은 것을
사랑하지 말라

예감과 통찰력

운명을 보는 힘

나쁜 징조에 대한 대처법

어딜가나 진상은 있다

예감과 통찰력

운명을 보는 힘

제 7의 감각

1 누군가를 만나러 가는 길에는 전조前兆가 있다

> **새**로운 사람을 만나는 건 설레는 일이다. 굳이 남녀 간의 만남뿐 아니라 누군가 새로운 사람을 만나러 가는 길은 설사 업무적 관계라도 뭔가 자신의 인생을 변화시킬 수 있을 거라는 막연한 기대감을 갖게 한다.

처음 사람을 만날 때 만남의 성격이나 장소에 맞는 옷을 신경 쓰게 된다. 그리고 앞으로 다가올 상대방과의 관계나 일의 성사 여부에 대한 징조가 느껴질 때가 있다.

이사를 앞둔 신혼부부의 인테리어 의뢰를 받은 적이 있다. 그 가족들과 같이 현장에 방문하여 요구사항을 한참 동안 들었다. 그 후 몇 주가 지나 현재 그 부부가 사는 아파트에 인테리어 디자인 프리젠테이션을 하러 갔다. 그런데 문제가 생겼다.

주차구역에 들어가던 도중 차가 멈췄다. 액셀을 더 세게 밟아도 꼼짝하지 않아 차에서 내려 확인해 보니 밑에 커다란 돌덩이가 있었다. 주차하는 데 정신이 팔려 돌을 못보고 들어가 오도 가도 못하는 신세가 된 것이다.

여느 때 같으면 차량 서비스 센터에 전화해서 차를 들어 올렸겠지만, 일정도 급하고 해서 그냥 액셀을 힘껏 밟아 차를 뺐다. 차 전면과 바닥은 심하게 찌그러졌다.

그렇게 찜찜한 마음을 뒤로 하고 부부에게 프리젠테이션을 했다. 그들은 TV에서 본 나의 인테리어 디자인이 마음에 들었다며 보여준 시안에도 흡족해 했다. 그리고 다음 달쯤으로 공사를 의뢰하겠다고 했다. 그렇게 일은 잘 마무리되는 듯 보였고 다음 달 공사 진행을 머릿속에 그리며 기분 좋게 집을 나왔다. 하지만 애지중지하던 새 차가 찌그러진 것이 마음에 걸렸다.

다음 달 일정을 확정하기 위해 전화를 했다. 그런데 예상 외의 답변이 왔다. 아버지가 견적이 너무 비싼 것 같다며 상세 세부내역을 달라고 했다는 것이다. 난감했다. 카페에서 커피 한 잔에 원가 500원이면 충분하지 않냐고 말하는 것이나 다를 바 없었다. 그림 값을 캔버스 가격과 물감 비용으로 따지는 격이었다.

커피 값은 원두와 설탕 등 재료의 원가만 계산하는 게 아니라 카페가 들어올 때의 권리금, 임대료, 전기세, 세금, 인건비는 기본이고 혹여 장사가 안돼 중간에 접을 경우 그에 따른 손실도 감안한, 모든 것이 포함된 금액이다.

나아가 대화를 나누는 장소에 대한 비용과, 땡볕에 시원한 에어컨 바람으로 더위를 식혀주는 비용도 포함된다. 그림도 단지 캔버스와 물감뿐만 아니라 작가의 아이디어 비용이 포함된다.

한국은 아직 디자인에 돈을 들이는 것에 정서적으로 공감 못하는 사람이 많다. 그래서 설계와 시공을 함께하면 아이디어에 대해 응당 받아야 할 돈을 받지 못하는 실정이다.

앞서 말한 인테리어 시안의 견적도 마찬가지다. 인테리어 시안에는 그 시안을 구상하여 설계까지 하는 데 걸리는 시간을 포함한 인건비가 있고, 아이디어 이면에는 창의력에 들어간 교육비도 포함되어 있다. 자재의 원가를 구체적으로 조목조목 따지려 한다면 본인이 직접 자재를 구해 시공하는 것이 맞다.

어쨌든 그렇게 넘겨준 시안은 어느새 원가 개념으로 왜곡되어 누군가에 의해 얼렁뚱땅 시공되었을 것이다. 그리고 어쩌면 처음 견적에 비해 저렴하게 완공했을 가능성도 있어 그 부부의 만족도는 높았을 수도 있다.

하지만 내 입장에서 유쾌한 경험은 아니었다. 조금 더 냉정하게 업무적으로 접근 못한 나를 탓할 수밖에 없었다. 공사 수주에 대한 확신을 갖고 시안까지 건네준 내 잘못도 분명 있었다.

누구나 이와 비슷한 경험을 한두 개쯤 갖고 있을 것이다. 전에 해보지 않았던 새로운 일을 시작하려 할 때, 낯선 사람을 만나려고 할 때 뜻하지 않은 일을 겪는 경우가 있다.

이럴 때 주의가 필요하다. 단편적인 경험으로 모든 것을 일반화하기 어렵지만, 새로운 일을 시작할 때 그 시작에 뜻하지 않은 불쾌한 경험을 한다면, 또 이를 연거푸 겪게 된다면 안 좋은 결과에 대한 징조인지도 모른다.

기분 좋게 시작해도 열정과 기쁨이 사그라지기 쉬운 마당에 뭔가 찜찜함을 안고 시작할 이유는 전혀 없다. 그래도 시작해야만 하는 상황이라면 주의에 주의를 거듭하여 문제가 생기지 않게 모든 요소를 철저하게 검토하고 준비하는 것이 좋다.

어떤 상황에서든 이런 징조들을 경계하면 많은 시간과 돈을 절약할 수 있다. 성공한 사람들의 뒤에는 이런 직감을 통한 수많은 선택이 있었다. 직감은 자신의 잠재 능력이며 이제껏 살아온 인생의 경험이 쌓여 만들어진 일종의 '예감'이다.

제 7의 감각

2 나쁜 징조에 대한 대처법

> **여**자는 스물아홉이 되면 곧 서른이 된다는 불안함이 커져 결혼 상대를 찾아야 한다는 조바심에 시달린다. 이때가 아니면 결혼을 못할 것 같기 때문이다. 30살이 넘은 신부는 매력 없는 늙은 여자로 보일 거라는 두려움이 있다. (하지만 30살, 40살 넘는 아름다운 신부는 얼마든지 있다. 30살이 넘어도 여자의 인생은 절대 끝나지 않는다. 오히려 그 이후가 더 아름다울 수도 있다.)

이럴 때 사고가 터지기 쉽다. 흔히 '양아치' 같은 남자를 만나 상처라는 상처는 다 받고 그 남자는 아무런 일도 없었다는 듯 무심히 사라진다.

여자가 자신의 인생에서 최악의 남자를 생각해보면 29살에 만났던 남자가 많은 것도 이런 이유 때문이다. 29살의 여자는 다른 어떤 시기에 비해 무모하리만큼 과감하고 용감해진다.

남자는 서른아홉 살을 민감하게 느끼는데 마흔이 가까워오면 인생의 한 획까지는 아니더라도 무언가 이루어야 한다는 압박감이 커지기 때문이다. 젊을 때 막연하게 생각했던 서른아홉의 모습과 큰 괴리감을 느낀다. 막상 서른아홉이 되었는데 특별히 바뀐 것도 없고 그저 생존을 위해 바쁘게 사는 자신을 보면서 이렇게 인생이 끝날 수도 있겠구나 하는 위기감을 강하게 느낀다. 돌파구를 찾기 위해 변변한 아이템이나 계획 없이 일단 회사를 박차고 나와 야생에 뛰어들지만 세상은 그리 녹록치 않다.

남자에게 39살은 위기의 나이다. 직장에서도 매너리즘에 빠지기 쉽고 그러면서도 눈코 뜰 새 없이 일이 많아 정신이 없다. 가정에서도 자라는 아이로 인해 경제적, 심리적 부담을 느끼고 부부 관계도 소원해진다. 이런 소외감과 심리적 불안감이 조바심으로 나타나 새로운 도전을 계획하지만 실패에 대한 부담도 크다. 그러면서도 이때가 아니면 영영 샐러리맨으로만 사는게 아닐까 하는 불안감이 극에 달한다.

어차피 인생은 누구에게나 불안하다. 수조 원대의 부자나 일용직 노동자나 불안하기는 마찬가지다. 단지 잘나가는 사람이 남의 눈에 덜 불안해 보일 뿐이다. 남자 친구 없는 여자는 남자 친구만 있으면 마음이 안정되고 편해질 것 같지만, 막상 남자 친구가 생기면 그에 따른 또 다른 불안이 찾아올 것이다. 아니면 오히려 더 큰 외로움을 느낄 수도 있다. 그러니 인생은 이런 불안한 마음을 극복하는 방법을 배워가는 과정이다.

아홉수라는 것이 있다. 흔히들 아홉수는 결혼이나 이사 등 큰일을 치루기에 적당하지 않다고 한다. 기본적으로 나이에 9가 들어가는 것이 아홉수다. 9라는 숫자는 1만 더해지면 10 또는 0이 되는 숫자이다. 이제 한 살만 더 먹으면 인생의 10년 주기가 바뀌는 때인 만큼 좀 더 조심하고 신중하라는 의미다. 전역이 얼마 안 남은 군대 말년에는 떨어지는 낙엽도 조심하라고 한다. 떨어지는 낙엽에 무슨 위험이 있겠는가. 인생의 새 장을 시작할 때는 그만큼 조심하라는 의미다. 하지만 아홉수라도 생년월일시의 사주로 봤을 때 결혼운이나 좋은 배우

040

자가 들어올 확률이 높은 시기에는 결혼해도 무관하다. 운이 괜찮으면 새로운 일을 해도 된다. 또 대운적으로 아홉수를 따지는 것도 중요하다. 사람마다 '10년 대운'이라고 운이 바뀌는 시기가 있는데, 대운이 바뀌기 1년 전을 아홉수로 본다. 대운이 바뀌는 시기가 0~9로 다양하기 때문에, 어떤 사람은 2세, 12세, 22세, 이렇게 2가 아홉수가 되기도 한다.

새로운 일이나 사람을 만날 때 여러 신호나 징조를 세심하게 관찰하고 파악하기 위해 노력해야 하고, 인생의 새로운 장이 시작되고 변하는 초기에 괜한 사고나 좋지 않은 일을 당하지 않도록 잘 살펴야 한다. 그리고 안 좋은 일들이 연거푸 일어날 때는 일단 그 관성을 끊어야 한다. 주식투자를 직업으로 하는 전업투자자가 일주일 내내 손실이 발생했다면 투자를 멈추고 시간을 가져야 한다. 그래야 좀 더 객관적으로 시장을 볼 수 있다.

영화 〈끝까지 간다 A Hard Day, 2014〉에서 주인공 형사는 어머니 장례식 날, 급히 경찰서로 향하던 중 실수로 사람을 친다. 이쯤 되면 상황을 재빠르게 인식하고 해결해야 하는데 오히려 진흙탕으로 만든다. 시체를 누구도 찾을 수 없다고 생각한 곳, 바로 어머니 관 속에 숨긴 것이다.

누구나 재수 옴 붙은 날이 있다. 그때는 조용히 자신의 내면을 대하는 시간을 갖는 것이 좋다. 되도록 외출을 삼가고 새로운 일과 사람은 멀리하면서 그동안 해왔던 일상의 패턴으로 돌아가야 한다. 운이 좋지 않을 때는 좋은 인연을 만날 확률도 적고 일도 잘될 리 만무하기 때문이다.

그리고 운이 좋지 않다고 느낄 때 공부를 하거나 책을 읽는 것이 좋다. 차분히 준비된 학문과 사유, 철학은 운의 흐름을 바꾸어 좋은 운이 들어올 때 빛을 발한다. 좋은 운이라도 준비를 더 많이 한 자는 시너지가 더 강하고, 그 힘이 만들어낸 성과는 남은 인생에 좋은 관성을 만들어낸다.

인생은 어느 한 시기에 정점을 찍게 되면 한번 정점을 찍었던 경험과 경력으로 이후 인생이 순조롭게 흘러가기도 한다. 그렇기 때문에 성공을 경험한 대부분 사람들은 가급적 어린 나이라도 작은 성취를 이루어 보라고 권한다. 그리고 성공의 경험을 바탕으로 효율적 시스템을 만들기를 강조한다.

우물까지 왕복 1시간 넘게 걸리는 거리를 가야 물을 길어올 수 있는 마을이 있다. 부지런한 사람은 체력이 허락하는 범위 내에서 아침 일찍부터 밤늦게까지 물을 퍼온다.

근면함은 인정할 수밖에 없지만, 그렇게 사는 것이 과연 행복인지는 쉽게 동의할 수 없다. 이 모습은 현대 직장인들의 모습과 유사하다. 새벽같이 일어나 아침을 먹고 출근 준비를 하며 교통 체증을 견디고, 매일 반복되는 회의와 업무, 점심식사와 잠깐의 흡연 등 반복적인 일의 연속이다. 상사의 지시는 끝도 없고 그 지시에 대한 피드백도 계속된다. 눈치 보고 짬 내어 개인 용무를 보지만, 결국 야근으로 지친 몸을 이끌고 집에 와 쓰러지듯 잠든다. 방향은 생각 못하고 속도만 보기 때문이다.

회사라는 조직은 나름대로 심사와 분석을 한다 치더라도 계량적으로 개인별 성과를 분명하게 평가하기 어렵다. 학생들 성적처럼 딱 떨어지지 않는다. 그래서 꾸준하게 뭔가를 잡고 일하는 모습을 보여주면 좋은 평가를 받기 쉽다. 그러나 우선순위를 고려하지 않고 병렬적으로 모든 일을 하나하나 처리해 가면서 사는 것도 어리석다. 일을 하고 또 해도 좀처럼 삶이 개선되지 않는다.

직장 생활을 하면서 5년 전 모습과 달라진 점이 있는가. 5년 전 지금을 상상했을 때 모습이 고작 이 정도인가. 변하지 않았다면 달라져야 한다. 물론 어떤 직장은 당신의 미래와 가족을 책임져 줄 수 있다. 하지만 대부분은 그렇지 않다.

알았다면 변해야 한다. 직장은 현재 주 수입원이며 많은 시간을 들여 일하는 곳이라는 사실을 부정하라는 의미가 아니다. 단지 내가 가장 행복하게 할 수 있는 일인지, 평생 몸과 마음을 바쳐 일할 만한 가치가 있는 곳인지 고민해야 한다.

지금부터라도 자신이 가장 행복할 수 있는 일과 삶의 방향에 대해 하루 단 30분이라도 고민하는 것이 좋다. 일주일에 단 몇 시간이라도 그것에 대해 고민한다면 시야가 넓어진다. 그런 변화가 중요하다. 그것은 몇 년 후에 자신을 변화시킬 수 있는 아주 강력한 힘이 된다. 그리고 언젠가 그 힘을 유감없이 발휘할 때를 만날 수 있다.

직장인만큼 안이한 사람들이 없다. 60세 정년까지 자신을 먹여 살려준다고 생각하니 주말이면 마음 편하게 놀고 쉰다. 그래서 머리가 썩는다. 비록 자기 분야에서는 전문적인 기술과 지식이 있더라도 세상을 보는 눈이 점점 좁아진다.

물을 퍼오느라 하루 종일 일했던 부지런한 사람이 조금만 더 생각했다면 파이프를 만들어 우물까지 연결할 수 있었을 것이다. 당장 먹고사는 문제가 있으니 파이프 만드는 것에 모든 시간을 쏟을 수 없겠지만, 일부 시간을 할애하여 시스템 구축에 신경 썼다면 적어도 몇 년 안에 매일같이 물을 떠오는 중노동에서 벗어날 수 있었을 것이다.

제 7의 감각

3 처음에 사랑하지 않은 것을 사랑하지 말라

> **사**람을 만나다보면 첫인상이나 이미지와 전혀 다른 경우가 종종 있다. 호인처럼 늘 웃고 좋아 보여도 많은 시간을 같이 지내다 보면 겉과 속이 다른 이도 많다. 반대로 첫인상이 차갑고 도도해 보이는 사람이 오히려 정 많고 심성이 고운 경우도 있다.

첫눈에 상대를 제대로 파악하는 것은 정말 중요하다. 상대를 훑는 그 찰나에 감정을 배제시켜야 한다. 관상을 볼 때도 처음 느낀 대로 말해야 객관적이다. 같이 차를 마시거나 식사를 해서 그 인상과 관상이 눈에 익숙해지고 호감이나 미움이 생기면 주관이 개입된다. 상대의 짠한 인생을 위로하고 싶은 동정심도 생기고, 잘됐으면 하는 마음으로 격려와 희망을 주고 싶어지기 때문이다.

쇼핑을 할 때도 첫 느낌이 작용한다. 한번은 낡은 에어컨을 바꾸기 위해 근처의 가전제품 매장을 돌았던 적이 있다. 한국의 대표적인 에어컨 브랜드가 두 가지밖에 없으니 근처 몇 군데 매장을 도는 것으로 족하다고 생각했다. 오래되지 않은 제품을 신용카드로 할인받을 수 있는 곳이 있어서 그 제품을 구매하기로 결정했다.

그런데 뭔가 직원의 태도가 영 마음에 들지 않았다. 기본적인 매너조차 없었다. 그 직원은 일단 인상부터 그리 호감이 가지 않았고, 가장 기본적인 설명도 해주지 않거니와 각 제품의 장단점 등 추가설명도 할 의사가 없어 보여 묻기 민망할 정도였다.

그래도 다른 조건들이 만족스러웠기 때문에 급히 주문하고 다음날 에어컨이 오기를 기다렸다. 그런데 배달하기로 한 날 아침, 매장 직원이 전화로 약속 시간을 한 시간 늦추었다.

사람들이 흔히 착각하는 것이 있다. 소비자는 브랜드에 대한 신뢰와 가치로 제품을 구입하는 것이지 판매원이나 설치 기사를 보는 것이 아니다. 그리고 판매원이나 기사는 회사 얼굴이다. 대기업을 등에 업고 으름장 놓거나 권위를 세우는 꼴이 유쾌할 수 없다. 그렇게 이른 아침에 느닷없이 전화를 걸어 자기 멋대로 시간을 옮기면 소비자 입장에서 기분 좋을 리 없다.

"이 사무실은 에어컨 설치가 안 됩니다." 방문기사의 첫마디였다. 에어컨 배관을 연결하면 된다는 것을 알고 주문했는데 다짜고짜 안 된다고 하니 황당했다. 미관상 좋지 않아도 관계 없다고 하니 그제야 그렇게는 된다면서 쭈뼛쭈뼛 어색한 웃음을 지었다.

사람도 그렇고 물건도 그렇다. 처음에 더러운 인상까지는 아니더라도 호감을 주지 못하면 시간이 지나도 가까이 해서는 안 된다.

제 7의 감각

4 오감이 맞는 사랑을 하라

> **순**간적인 직감 말고 오감五感에 의해 느껴지는 부분이 있다. 오감이 서로 맞아야 남녀는 만날 수 있다.

시각 | 절세미인이나 미남까지는 아니더라도 호감이 갈 만한 상대여야 한다. 물론 외모를 본다는 것은 지극히 주관적인 부분이 있기 때문에 다행이기도 하다. '잘생겼다'와 '못생겼다'에 보편적 기준은 있지만 절대적 기준은 없다. 자기 기준에 호감 가는 얼굴이면 충분하다.

청각 | 원활한 대화가 이루어져야 하며 목소리도 중요하다. 어쩌면 평생 동안 들을 목소리가 될 수도 있기 때문에 이왕이면 귀를 편안하게 하는 목소리에 아무래도 마음이 더 가게 된다.

음성은 관상학적인 면에서도 비중이 크다. 관상이라는 것이 얼굴 상을 중심으로 하지만 넓게는 관상뿐만 아니라 몸의 상, 체상과 음성도 중요하다. 그 다음이 자세, 몸짓, 습관 등이다. 다양한 요소로 한 사람의 타고난 성향과 그에 따른 미래를 예측할 수 있다.

관상이 아무리 좋아도 음성이 나쁘면 크게 성공하지 못하고 관상은 보통이라도 음성이 좋은 사람은 큰 성공을 맛볼 수 있다. 관상과 손금이 사람마다 다르듯 음성도 비슷한 사람은 있지만 똑같은 사람은 없다.

남자의 음성은 웅장한 것이 좋고, 여자의 음성은 맑고 갈라지지 않아야 한다. 남자가 여자 목소리를 내면 빈천할 상이고, 여자가 남자 목소리를 내면 팔자가 세서 한 남자에 머물지 못할 상이다. 음성이 맑았다가 탁했다가 하는 사람도 빈천하다. 말소리가 입안에서 우물쭈물하면 평생 가난을 면치 못하고, 말을 급하게 끝내 버리거나 말하기 전에 얼굴색부터 변하면 천상이며, 말에 급함이 있고 더듬는 자는 일에 막힘이 많다.

촉각 | 남녀가 만나면 손잡고 싶은 정도의 욕구는 자연스럽게 생겨야 한다. 평생 한 침대에서 살게 될지도 모르는데 손잡고 싶은 마음조차 들지 않는다면 다른 조건이 좋아도 이미 둘의 관계는 물 건너갔다고 볼 수 있다.

한번은 주말마다 선과 소개팅을 밥 먹듯이 했던 30대 중반의 친구가 고민을 털어 놓았다. 부모님 소개로 만나고 있는 여자가 좋은 사람 같고 결혼하면 살림도 잘 꾸려갈 것 같은데, 도무지 손잡고 싶은 마음조차 들지 않는다는 것이다.

이미 답은 나왔다. 연애 초반임에도 남자가 여자 손조차 잡고 싶지 않다면, 어떻게 평생 아내로 데리고 살 수 있겠는가. 길게 두말할 필요 없이 관계를 멈추라고 적극적으로 말렸다. 남자라면 어떤 상황이든 여자의 손을 놓지 않으려는 책임감이 있어야 한다. 남자는 여자의 안정을 책임져야 한다.

명리학에서 남자에게 여자는 재(財)의 개념이다. 재(財)라는 것은 돈을 의미하고 남자에게 있어 여자를 의미한다. 보통 남자가 성공해서 돈을 많이 벌면 여자가 쉽게 생기고, 사업에 실패하거나 재물이 깨지면 여자와 헤어지는 경우가 많은데, 이는 여자가 돈에 환장했기 때문이 아니다. 남자에게 돈과 여자는 재財이기 때문에 들어올 때 같이 들어오고 나갈 때 같이 나가는 것이다.

또, 재財에는 관리와 통제의 의미가 있기 때문에 남자는 책임감 있게 누군가를 관리할 여력이 있고 통제하고자 할 때 여자를 만날 수 있다. 혼자 먹고 살기도 벅차면 여자는 점점 멀어진다.

어쩌면 여자 손을 잡는 것이 관리에 해당된다. 따뜻하게 잡아주고 정신적인 안정감을 주고 너를 책임지겠다는 의미가 여기에 포함된다. 손을 잡는다는 것은 스킨십을 넘어서는 의미가 있다.

또 여자 입장에서 남자는 관官이라고 하는데, 관官은 나를 누르고 통제하는 것을 의미한다. 여자가 남자의 어깨에 기대어 올 때 지나치게 독립적이지 않고 의지하려는 모습을 읽을 수 있고, 그럴 때 남자는 여자를 지켜주고 싶은 마음과 함께 더 큰 사랑을 느끼게 된다. 남자가 들어갈 틈이 생기고 그 틈에 자연스럽게 들어갈 수 있게 되는 것이다.

아무튼 남자가 여자 손을 잡으면 이는 단순한 스킨십을 넘어 보호와

순간적인 직감 말고 오감(五感)에 의해 느껴지는 부분이 있다.
오감이 서로 맞아야 남녀는 만날 수 있다.

시각
절세미인이나 미남까지는 아니더라도 호감이 갈 만한 상대여야 한다.

후각
사람마다 특유의 향이 있고 그 향이 서로 자연스럽게 받아들여질 때 남녀는 오래 만날 수 있다.

청각
관상이 아무리 좋아도 음성이 나쁘면 크게 성공하지 못하고, 관상은 보통이라도 음성이 좋은 사람은 큰 성공을 맛볼 수 있다.

미각
음식에 대한 취향이 비슷한 것도 좋지만, 첫 키스만으로 상대에게 마음이 가기도 하고 그 반대가 될 수도 있다.

촉각
남자가 여자 손을 잡으면 이는 단순한 스킨십을 넘어 보호와 관리의 대상으로 지켜주고 싶다는 마음을 드러낸 것이다.

관리의 대상으로 지켜주고 싶다는 마음을 드러낸 것이다. 따라서 손잡고 싶은 마음조차 들지 않으면 심각한 문제다. 죽고 못 살 정도로 사랑을 말해도 시원찮은 판에 손잡고 싶은 마음도 없다면 시간 낭비하지 말고 멈추는 게 정답이다.

후각 | 후각도 무척 중요한 부분이다. 땀 냄새가 아니라도 사람마다 특유의 체취가 있다. 체취가 견디기 어려우면 서로 만나기 어렵다. 굳이 진한 스킨십을 하지 않아도 그 체취가 느껴지는 경우가 있다.

오랫동안 연애를 하지 않았던 후배 여동생이 마음에 드는 남자를 만났다. 얼굴도 마음에 들고 키도 훤칠하고 직업도 안정적인, 그녀에게 딱 맞는 남자였다.

그러나 모든 게 다 맞기는 참 어려운 모양이다. 남자는 운동 후에 그녀를 만나는 경우가 많았는데, 그때마다 그녀는 남자의 체취에 정신을 잃을 정도로 혼미해졌다. 후배는 혹시 자신의 몸 상태가 좋지 않아 그럴지 모른다고 생각했다. 그래서 남자의 차에 탔을 때 조심스럽게 숨을 들이쉬면서 냄새를 맡아보았다. 퀴퀴한 냄새가 코를 찔렀다. 후배는 고민에 빠졌다. 그 차에 탈 때마다 역겨움을 느끼면서도 체취 이외의 다른 건 전부 마음에 든다며 더욱 괴로워했다. 결국 냄새의 벽을 넘지 못하고 헤어졌다.

사람마다 특유의 향이 있고 그 향이 서로 자연스럽게 받아들여질 때 남녀는 오래 만날 수 있다. 한 이불 속에서 평생을 살아야 할지도 모르는데 어찌 체취에 신경 쓰지 않을 수 있을까.

미각 | 음식에 대한 취향이 비슷한 것도 좋지만, 첫 키스만으로 상대에게 마음이 가기도 하고 그 반대가 될 수도 있다. 사람 특유의 향이나 냄새가 입을 통해 훨씬 더 강하게 전달되기 때문이다.

오감을 넘어 육감과 직감에 의한 첫 느낌이 순간적이고 강렬한 것처럼 오감에 의한 자극도 일순간에 뇌까지 전해져 마음을 사로잡는다. 논리에만 의존하기보다 몸의 감각과 직감을 발달시키고 관심을 가지면 자신도 모르게 상황파악, 분위기 감지뿐 아니라 지금 함께 있는 사람과의 미래도 예측할 수 있다.

제 7의 감각

5 어딜가나 진상은 있다

어딜 가나 회사에는 소위 '똘아이', '진상'이 있다. 재밌는 것은 그 '똘아이', '진상'이 사라진다고 행복한 직장생활이 기다리고 있지 않다는 것이다. 밑에 있던 더 강력한 '똘기 충만 진상'이 수면 위로 떠올라 더 악랄하고 비열하게 굴 가능성이 높다.

이런 유형도 견디기 쉽지 않다. 항상 자신은 바르고 공정한 듯 말하며, 회사 발전을 위해 헌신한다고 생각하고, 이리저리 방향도 없이 부산하게 바쁘고, 알량한 철학에 바탕을 둔 직업관으로 위를 들쑤시고 아래를 달달 볶는 데 여념이 없다. 사람에 대한 애정은 안중에 없고 능력도 없다. 이런 사람은 얼핏 회사에 도움을 주는 듯싶으나 사실은 '회사의 악'과 같은 존재다.

말을 섞으면 대화가 통하지 않으니 1분만 지나도 마치 가슴에 돌덩이를 얹어 놓은 것처럼 답답하다. 누가 예의상 조금 맞장구치면 일관되게 지루한 이야기를 계속 해댄다. 이렇게 상황 파악 못하고 자기가 하고 싶은 말만 주구장창 늘어놓는 습관은 주변 사람들을 떠나게 만든다. 결국 자신의 운을 좋게 만들 기회도 날려버리는 것이다.

본인도 뭐 그렇게 태어나고 싶어서 태어난 건 아닐 테니 어찌 보면 안됐다는 생각도 든다. 하지만 다시 말을 섞으면 그런 측은지심도 온데간데없어질 정도로 정나미 뚝 떨어지게 만드는 재주까지 있으니 참 난감하다.

물론 사람을 처음 본 이후 며칠간, 길게는 몇 달간의 모습만으로 판단하고 예측하는 것은 다소 위험할 수 있다. 사람을 부정적으로 판단해서 만나지 않는 건 큰 문제가 없다. 설사 정말 좋은 선인善人이었어도 아쉽긴 하지만 그걸로 그만이다. 하지만 내 사람으로 두었는데 그게 잘못된 판단이었다면 뼈저린 고통의 시간을 겪게 될 가능성이 크다.

사람 한 명 잘못 들여 아무 문제없던 인생이 한순간 절망의 나락으로 추락하는 것을 무수히 봐왔다.

그래서 결혼 상대를 집안으로 들일 때 부부와 집안 궁합宮合을 본다. 궁합에 대한 말이 나왔으니 조금 더 얘기하자면 서로의 운이 똑같기 보다는 한 사람이 나쁠 때 다른 한 사람은 좋은 식으로 서로 조금 비껴가는 것이 좋다. 무엇보다 한 사람의 가장 근본적인 천성이 상대방에게 거슬리는 것 없이 자연스럽게 받아들여질 수 있는지가 중요하다.

몇 개월 전 얼굴에 위엄이 느껴지는 60대 중반의 여성이 방문했다. 누가 봐도 주부로만 살아오지는 않았을 법한 얼굴이었다. 그리고 얼굴에서 돈도 꽤나 만지면서 당당하고 떳떳하게 살아온 이력이 느껴졌다. 하지만 얼굴에 그늘이 있었다.

그 여성은 아들과 다니던 교회에서 자신을 잘 이해해주고 사람 좋아 보이는 남자를 알게 되었다. 이런저런 이야기를 나누며 친분을 키워오던 중 제안을 받게 된다. 그 남자 아들이 자동차 수입 관련 사업을 하려고 하는데 그쪽중년 여성 아들도 같이 해보면 어떻겠냐는 제안이었다.

큰돈이 필요했지만 교회에서 알게 된 사람이라 왠지 모를 믿음도 있었고, 연구원으로 일하고 있는 아들이 보다 활력 있고 큰 꿈을 가졌으면 하는 마음에 아들에게 사업을 권유했다. 아들은 원치 않았지만 끝내 어머니 뜻에 따랐다.

그렇게 시작된 동업은 처음에는 잘되는 듯 보였지만 시간이 갈수록 많은 돈이 들었다. 그래도 남자의 말만 믿고 모든 돈을 쏟아 부었다. 결국 회사는 문 닫는 지경에 이르렀고 부모에게 받은 유산과 평생 모은 돈 300억 원을 1년 만에 모두 날렸다. 그리고 대표로 있던 아들은 해외로 도망 다니는 신세가 되었다.

여기에는 두 가지 문제가 있다. 첫 번째는 잘 알지 못하는 사람과 잘 알지 못하는 사업에 투자했다는 것이다. 설사 잘 알지 못하는 사람이라도 그 사람의 얼굴이나 말투, 습관, 행동 등을 제대로 읽어냈다면 이렇게 어려운 상황에 몰리지 않았을 것이다.

두 번째는 비슷한 맥락이지만 이제껏 키워온 아들의 성향을 제대로 읽지 못한 것이다. 사람은 각자 타고난 능력과 재능, 천성이 있고 그것에 맞게 살아야 가장 행복하다. 대학 졸업 후 남들이 좋다 하는 직장에

서 마치 공장 생산품처럼 살아가는 것은 극단적으로 말해 '노예의 삶'
이다. 어머니 입장에서 사업가의 주도적 삶이 마음에 들더라도 아들은
다를 수 있다. 그럼에도 아들에게 생전 해보지 않은 사업을 권한 것은
매우 어리석은 판단이었다.

세상에 좋은 인연만큼 중요한 것은 없다. 결국 운運이라는 것도 사람
을 통해서 온다. 많은 사람을 만나는 것은 좋은 운을 만날 수 있는 기
회를 만드는 것이다. 물론 이 과정에서 사람을 제대로 볼 수 없다면 나
쁜 운으로 파멸할 수 있다. 그럼에도 사람을 만나야 하는 것은 혼자의
힘만으로는 한계가 있기 때문이다. 함께 가야 더 멀리 높게 나아갈 수
있다. "구더기 무서워 장 못 담글까." 사람이 무섭다고 사람을 안 만날
수는 없다.

처절한 배신감에 가슴이 미어지고 싶지 않다면, 순수하게 다가갔던 사
람에게 한낱 별 볼일 없이 숱한 인연 중 하나로 치부되는 비참함을 느
끼고 싶지 않다면, 사람을 제대로 읽어야 하고 그 타이밍은 빠를수록
좋다.

가급적 가장 빠른 시간 내에 파악할 수 있도록 사람을 읽고 예측하는

데 관심을 가져야 한다. 사람들을 관찰하고 말이나 행동 이면의 속뜻을 읽는 습관을 들이는 것이 좋다. 물론 상대를 파악하기 전에 반드시 자기 내면에 깊은 관심을 갖고, 타고난 성향과 사회생활을 하면서 만들어진 성향에 대해 충분히 생각할 필요가 있다.

제 7의 감각

6 걱정하는 일은
대부분 일어나지 않는다

> **자**신의 성향이나 하고 싶은 일이 뭔지도 모르고 그저 바쁘게 달리기만 하는 사람들이 부지기수다. 그저 남들 사는 모습대로 살아가다 스스로 이런 질문을 던진다. '나는 지금 행복한가?'

한번 차분히 질문해 보자. 나는 지금 행복한가? 내가 하고 있는 일이 가족에 대한 의무 때문인가? 그저 남들이 얕잡아 보지 않는 길을 선택하며 살고 있지는 않은가? 나는 지금 남의 눈에 최고인가, 아니면 내 관점에서 최고인가? 나는 남들 눈에 최악의 사람으로 보이는 것이 두려운가, 아니면 내 스스로 생각하기에 최악의 사람이 되는 것이 두려운가? 내가 무슨 일을 하며 살고 싶은지 나 자신도 모르는 것이 아닌가?

대부분 행복하지 않다고 느낄 것이다. 그렇다고 어떻게 해야 행복해지는지 알지 못하며, 안다 해도 지금 하고 있는 일을 버리고 다른 길을 갈 수도 없다. 그래서 다람쥐 쳇바퀴 돌듯 굴러가는 일상 속에 자신을 던진다. 그저 노예처럼 열심히 살지만 크게 나아지지 않는다. 아니면 이런 자각도 못한 채 경중을 따지지 않고 바쁜 일상에서 만족감을 얻을 수도 있다.

이것이 대다수 현대인의 모습이다. 이런 굴레에서 빠져나오려면 용기가 필요하다. 용기를 낼 수 없다면 '평생 행복하지 않았던 인생'이라는 꼬리표를 떼어낼 수 없다.

얼마 전 주한 대사가 남산 3호 터널에서 앞서 가던 차를 들이박고 사망했다는 기사를 읽었다. 그의 나이 60이었다. 우리가 태어나 자기 자신을 처음 의식하게 된 나이를 10살이라 쳐도 고작 50년 산 것이다. 물론 그보다 어린 사람들도 병이나 사고로 무수히 세상을 떠난다. 우리는 언제 죽을지 알 수 없다. 막연히 언제까지 살고 싶다고 생각할 뿐이다. 그렇기 때문에 우리는 행복해져야 하고 행복하기 위해 노력해야 한다. 하루라도 빨리.

비록 지금 행복하지 않아도 미래의 행복한 나를 위해 견딜 수 있다고 생각하는가. 착각이다. 행복은 항상 현재에 있다. 가장 행복했던 시절을 떠올려 보면 반드시 공통된 요소가 있다. 잠시 가장 행복했던 순간이나 시절을 생각해 보라.

과거 사랑했던 연인과 맥주를 마셨던 때도 좋고, 여행을 떠나 와인을 마시면서 풍경에 빠졌을 때도 좋다. 아무것도 몰랐던 어린 시절 운동장을 뛰놀았을 때도 좋고, 일에 치여 살았지만 좋은 성과에 기뻐했던 때도 좋다. 행복했던 순간과 시절은 분명 과거에 대한 후회나 미련 없이, 미래에 대한 두려움이나 걱정 없이 오직 그때 그 시절 그 순간에 오롯이 몰입했던 시간이었을 것이다.

더 이상 망설이지 말고 행복할 수 있는 모습을 상상하라. 지금부터 자신의 행복을 방해하는 요소들을 없애면 당신은 변할 수 있다. 하지만 그 전에 사람의 마음을 읽고 올바른 판단을 할 수 있어야 한다. 이는 내면에 충분히 귀를 기울여 자신의 성향과 특성을 바르게 파악하는 것에서 출발한다. 이렇게 하나씩 바꿔가는 인생과 이렇게 만들어진 삶 속에서 당신은 매일 한걸음씩 행복을 향해 다가가고 있을 것이다.

인생은 마라톤 같다. 때론 무릎이 깨져도 달려야 하고 지치면 걷거나 기어가면서 마지막까지 완주하는 것이다. 우리가 온갖 상상력을 동원해 걱정하고 두려워하는 일은 거의 일어나지 않는다. 다만 행동의 결과를 예측할 수 없으니 그런 불확실성이 두려움을 조장할 뿐이다. 두려움에 갇혀 자신의 가능성에 한 발짝도 내딛지 못하는 우둔한 일은 하지 말자.

지금 당장 나를 불행하게 만드는 요소를 하나하나 없애라. 논리가 아닌 마음으로, 즉각적으로 반응하는 직감에 의해 결정해야 한다. 그러면 자신을 옭아매고 있는 수많은 족쇄에서 벗어날 수 있을 것이다.

7 급하면 보이지 않는다

제 7의 감각

> **흥**하고 망하는 수많은 사람들을 보며 느낀 점은 성급하면 되는 일이 없다는 것이다. 대박을 꿈꾸며 투자하면 쪽박을 차기 쉽다. 그리고 반드시 사기꾼이 붙게 된다.

지금 이 사람 아니면 죽고 못 살겠다는, 절박한 심정으로하는 연애는 이별로 귀결되기 십상이다. 사랑이 끝날까 봐 불안해 하고 온통 상대에게 마음을 빼앗겼으니 당당한 연애를 할 수 없다. 그런 사람에게 매력을 느끼는 사람은 드물다. 일도 마찬가지다. 원칙과 기준을 무시한 채 막무가내로 밀어 붙이면 끝이 좋지 않다. 기본을 무시한 효율성은 절대로 오래가지 못한다.

사람을 판단할 때 자신이 처한 상황은 매우 중요하다. 사람을 읽는 능력이나 직감이 탁월해도 자신이 처한 상황에 따라 정말 얼토당토않은 예측이나 판단을 할 위험이 있다.

어느 날, 얼굴이 초췌해질 대로 초췌해진 남자가 찾아온 적이 있다. 수심 가득한 얼굴은 말을 걸면 금방이라도 눈물을 흘릴 것 같았다. 사연은 이랬다. 결혼을 앞두고 얼마 되지 않은 결혼 자금을 불려보려는 마음에 주식을 했는데, 처음에는 버는 듯싶었으나 지나친 욕심을 부리다가 가진 돈을 모두 날려 버렸다. 이어 은행 대출, 제 2금융권 대출, 카드론에 현금서비스까지 모두 끌어다가 주식시장에 넣었지만 결과는 처참했다. 그로 인해 집에도 큰 충격을 안겨주었고 오랫동안 사귄 여자 친구와도 헤어지게 되었다. 게다가 엎친 데 덮친 격으로 누군가를 소개 받아 있는 돈 없는 돈 끌어 모아 투자했으나 결과는 역시 허망했다. 날린 돈에 대한 보상 심리가 가져온 파국이었다.

지인 소개로 만난 그 사기꾼의 핸드폰은 만날 때마다 끝도 없이 울려댔다. 그는 빗발치는 전화 문의를 신뢰로 받아들였다. 이렇게 투자하려고 서로 아우성이니 자칫하다 내 차례도 오지 않겠다 싶어 한시라도 빨리 돈을 주고 싶었다.

사람은 자기가 보고 싶은 대로 보고 믿고 싶은 대로 믿는다. 사실 그 전화는 빚 독촉 전화였다. 수익금이나 투자한 돈의 원금을 주겠다고 약속한 날짜를 지키지 못하자 투자자와 채권자들이 계속 독촉 전화를 했던 것이다.

사람 사는 모습을 찬찬히 살펴보면 좋은 일도 그렇지만 나쁜 일도 연거푸 이어서 온다. 이제는 아니겠지 싶은 마음으로 기대해도 상황은 더 악화된다. 운이라는 것은 좋은 때와 나쁜 때가 있고 그 상태가 당분간 지속되는 면이 있다. 이때 사람 마음은 점점 더 조급해진다. 한번 실패하면 관성에 의해 또 다른 실패가 찾아온다. 반면 성공의 경험은 미래의 또 다른 성공에 대한 이미지를 확실하게 그려낸다.

좋지 않은 상황이 생기면 다음 일에 대해 섣불리 판단하거나 움직여선 안 된다. 일단 멈춰야 한다. 실패의 경험이 나를 잡지 못하도록 줄을 끊어야 한다. 본전 생각난다고 지난 일에 미련을 갖고 또 다른 일에 덤벼들면 백전백패다. 그리고 한참 지나고 난 후에야 깨닫는다. 그때 조금 잃고 조금 실패했을 때가 그래도 행복했던 때였음을.

물론 실패도 의미가 있다. 실패를 통해 고민하게 되고 사유와 철학이 생기기 때문이다. 이런 경험은 앞으로 더 큰 실패와 고통을 피하게 만들고 큰 성공의 밑거름이 되기도 한다. 하지만 늪에 계속 빠져 있을 이유는 없다. 어느 정도 위험이 인식되면 죽기 살기로 빠져나와 거친 숨을 고를 시간적 여유가 필요하다. 그 뒤에 늪에 빠져 더러워진 신발에 대한 미련을 버리고 현실을 인정해야 한다.

제 7의 감각

8 통찰력이 필요하다

> **회**사에서 직급이 올라가거나 나이가 들어 후배가 많아질수록 사람을 읽고 조직 내의 기류를 읽는 통찰력이 필요하다.

자신이 관리하는 팀원의 업무 태도나 마음뿐 아니라 그들이 겪는 다양한 문제에 대한 깊은 관심이 통찰력의 전제 조건이다. 만일 팀원이 평소와 다르게 서류를 정리하고 사무도구를 버린다면 정리와 관련된 책을 아주 감명 깊게 읽었거나 곧 퇴사하려 한다는 것 정도는 쉽게 눈에 들어와야 한다. 적어도 팀장이라는 직함을 달고 있다면 아무리 자기 실무가 바빠도 이 정도는 파악할 수 있어야 한다.

만일 자기 팀원들이 계속 퇴사하는 상황이 벌어진다면 분명 본인에게도 책임이 있다. 그런데 이런 책임감을 전혀 느끼지 못하는 사람이 있다. 팀원의 한 사람처럼 행동하면서 팀원 중 가장 높은 사람이라고 착각한다. 밑에 직원들에게 무슨 일이나 문제가 있건 관심 따위 없이 그저 나만 편하게 월급 받으면 된다는 식이라면 아무리 감추려 해도 드러나게 마련이다.

이런 유형의 관리자는 기본적으로 타인에 대한 관심과 애정이 없다. 자신의 기준만 합리적이라고 생각하며 그것을 위안으로 살아간다. 그래도 월급은 받아야 하니 귀찮아도 꾸역꾸역 일을 해나간다. 팀원이라 한들 그들 인생이 나와 뭐 그리 연관 있나 싶은 마음일 뿐이다.

사실 다른 사람의 삶에 관심을 갖는 건 쉽지 않은 일이다. 사람들은 자신과 가족, 그리고 친분 있는 사람들에게나 어느 정도 집중하고, 그 외의 관계에는 관심 가질 여력이 없을 만큼 바쁘게 산다. 설령 관심이 있어도 얕은 호기심인 경우가 많다.

타인의 시선을 지나치게 신경 쓰는 사람은 그로 인해 남들보다 더 많이 자존심이 살기도 하고 상하기도 한다. 하지만 남의 시선에 얽매일

이유가 없다. 내가 남의 시선에 지나치게 신경을 쓰는 것만큼 다른 사람들은 정작 나에게 그다지 관심 갖지 않는다.

사람은 누구나 주인공이 되고 싶어한다. 자기가 이야기의 중심이 되었을 때 가장 유익하고 즐거운 시간이 된다. 특히 '잘 나갈 때'는 주변 사람들의 삶이 더욱 보이지 않는다. 이렇게 '잘 나가는' 이유가 오직 자신의 능력과 노력 때문이라고 생각한다. 다른 사람의 삶은 보잘 것 없이 느껴지고, 왜 저렇게 밖에 살지 못하는지 하찮아 보일 수 있다.

'왜 나처럼 노력을 안 해. 왜 능력이 고작 그것 밖에 안 돼. 그러니 저렇게 살아가는 꼴이 당연한 거 아닌가'라는 오만함이 주변 사람들을 멀어지게 할 수 있다. 하지만 큰 실패를 맛본 뒤 세상을 바라보면 그때는 달리 보이기 시작한다. 나보다 더 힘들게 사는 사람들이 있음을 알게 되고, 그럼에도 열심히 살아가는 사람들을 보며 반성하기도 하고 존경하는 마음도 갖는다. 내가 뭐였다고 그리 겸손하지 못하게 살아왔는지 후회하면서 생각이 깊어진다. 그리고 자기보다 경제적, 정신적으로 풍요롭지 못한 삶을 살고 있다 해서 그들을 깔보거나 무시할 수 없다는 걸 깨닫게 된다.

사실 인생은 수많은 난관을 극복하는 과정이고, 이를 통해 만들어진 자기만의 철학으로 행복을 좇는 긴 여정이다. 행복은 일정수준까지는 돈과 비례하지만 어느 정도 기본적인 생활이 갖춰진 후에는 수많은 다른 요소에 의해 좌우된다.

인간은 불평 많은 동물이다. 출근길에 투정하고 마트에서 줄을 길게 서면 짜증부터 난다. 사랑하는 사람과 다투어 괴롭고 힘들어 살맛 나지 않는다고 말한다. 매일 반복되는 생활이 지겹다. 하지만 어찌 보면 이런 불평과 불만도 병마病魔와 싸우며 하루 앞도 장담 못하는 이들에겐 간절히 원하는 일상이다.

우리가 다른 사람들의 삶에 관심을 가져야 하는 이유는 더불어 사는 세상을 만들기 위해서만이 아니다. 결국 자신을 위해서다. 다른 사람의 삶이 눈에 들어온다는 것은 결국 내 삶도 측은하게 느껴질 수 있다는 것을 의미한다. 객관적으로 자신의 과거와 현재를 바라볼 수 있는 것이다. 거울을 통해 자신의 모습을 바라보듯 내면을 바라보며 위로할 수 있다. 또 그런 자기 위로가 있은 후에야 비로소 다른 사람을 받아들일 수 있다.

그 후에는 다른 사람들이 측은해 보이기 시작한다. 이렇게 살 수 밖에 없었던 부모의 삶이 보이기도 하고 다 나름의 이유가 있다는 것도 알게 된다. 다른 관계도 마찬가지다. 오랫동안 마음을 주고받은 남자 친구를 이해하는 폭도 넓어진다. 그의 고민과 상처를 이해하게 된다. 그러면 마음이 열리고 용서하게 된다. 그 남자를 더 존중하게 된다.

이렇게 자신과 주변을 돌아보면 사람들이 '갑자기' 나에게 왜 이러지 하는 의문을 품지 않는다. '너 갑자기 왜이래?' '갑자기 엄마 왜 그렇게 말하는 건데' '너 또 갑자기 왜 그러는 거야.' 정말 '갑자기'일까? 세상에 '갑자기'라는 것은 없다. 자신이 했던 말이나 행동 중 '갑자기' 그런 일을 저지른 경우가 얼마나 되는가. 그들은 이미 많은 신호를 주었지만 우리가 몰랐을 뿐이다.

제 7의 감각

9. 통찰력에는 사람에 대한 관심이 있어야 한다

영화, 〈내 친구의 집은 어디인가 Where Is The Friend's Home?, 1987〉를 보면 이런 대사가 나온다.

아마드 : 숙제 검사 했니?
네마자데 : 아니.
아마드 : 내가 네 숙제 해왔어.

영화 마지막쯤 초등학생 둘이 나누는 대사를 듣고 순간 눈물이 핑 돌았다. 사람에 대한 관심과 사랑이 느껴졌기 때문이다. 그리고 친구 숙제를 대신하기 전, 영화 속 이야기에서 아마드의 진심이 느껴졌다. 사람에 대한 연민이 아이를 통해 가슴 깊이 다가왔다.

숙제 검사 시간에 영화는 시작된다. 숙제를 하지 못한 네마자데는 선생님에게 심하게 꾸중을 듣고 짝꿍 아마드는 울음을 터뜨리는 친구를 애처롭게 바라본다. 집에 돌아온 아마드는 공책을 펼치다가 실수로 네마자데의 공책까지 가져온 사실을 알게 된다. 곧 아마드의 눈앞에 네마자데의 우는 모습과 한 번 더 숙제를 안 해오면 퇴학시키겠다던 선생님의 엄포가 떠오른다. 아마드는 어머니 몰래 친구 공책을 들고 네마자데가 사는 마을 포쉬테로 향한다.

아마드의 예상과 달리 포쉬테는 제법 큰 마을이었다. 길을 헤매고 지나가는 사람에게도 물어 보지만 아무도 네마자데가 누군지 모른다. 아마드는 점점 초조해진다. 일단 마을로 다시 돌아온 아마드는 엄마와 할아버지의 심부름으로 바빠진다. 그러던 중 우연히 네마자데 아버지를 발견하고 반가운 마음에 포쉬테 마을로 돌아가는 그를 쫓는다. 그러나 어렵사리 따라가 도착한 그의 집에는 네마자데가 없었다. 그 동네에 네마자데라는 이름은 한둘이 아니었고 그 남자도 다른 네마자데의 아버지였다.

벌써 골목길에 어스름이 찾아들고 친구 공책을 들고 달리던 아마드는 힘없이 집으로 돌아간다. 결국 아마드는 밤새워 친구 숙제를 대신한다. 다음 날, 선생님은 여느 때와 같이 숙제 검사를 하고 네마자데는 초조하게 차례를 기다린다. 그때 뒤늦게 교실에 들어선 아마드는 친구에게 공책을 건넨다. 그리고 네마자데의 옆에 앉아 물어본다. "숙제 검사 했니?" "아니"라고 네마자데가 대답하자 "내가 네 숙제 해 왔어"라고 말한다.

자신의 처지를 고려하지 않고 누군가를 위해 무작정 달려본 적 있는가. 사랑하는 사람이 보고 싶어 달려갔다면 결국 자기 마음에 따른 것일 뿐이고, 약속 시간을 지키기 위해 뛰었다면 상대에 대한 배려도 있겠지만 약속을 지키는 자신에 대한 만족감일 수도 있다.

누구나 인생을 살면서 큰 숙제를 짊어지고 살아간다. 남들이 봤을 때 대수롭지 않게 느껴져도 본인에게는 무거운 짐일 수 있다. 사람을 만난다는 것은 이런 짐을 덜어줄 수 있는 상대를 만난다는 의미다. 그로 인해 새로운 관점을 배울 수 있고, 폭넓게 인생을 바라볼 수 있으며, 든든한 지원군까지 얻는 계기도 될 수 있다.

그 사람은 평생 함께할 반려자가 될 수도 있고 친구나 사업파트너, 직장 선후배, 동료도 될 수 있다. 이런 인연을 맺으면 상대에게도 따뜻함을 전해주지만, 자기 자신을 포근하게 하는 정서적 충만감도 얻을 수 있다.

지금 가까이에 있는 소중한 사람에게 이렇게 말해준다면 버겁게만 느껴지는, 인생이라는 긴 여정에 큰 위안과 위로를 줄 수 있다. "혼자서만 붙잡고 있지 않아도 돼. 좀 내려놔도 돼. 내가 해줄게. 네 숙제." 설령 상대가 장난으로 가볍게 받아넘긴다 해도 따뜻한 말 한마디가 주는 위로는 살아가는 데 큰 힘이 될 것이다.

 **박성준**의 사람보는 **TIP**

꿈은 육감을 넘어서 뇌로 느끼고 받아들이는 칠감이다

프로이트는 「꿈의 해석」에서 "꿈은 소망의 표현"이라 하며, 꿈은 불안이 무의식 상태에서 나타나는 것, 즉 심리 상태를 반영하는 것이라고 했다. 그러나 꿈은 이런 심리상태를 반영하는 것뿐만 아니라 고도의 정신적 활동이다.

인간에게는 시각, 청각, 촉각, 후각, 미각의 오감五感 외에 마음으로 느끼는 육감六感이 있다. 예를 들어 아내가 남편이 바람피우는 것을 보지도 듣지도 못했지만, 평소와 다르게 행동하는 남편을 보고 육감을 발휘해 눈치챌 수 있다. 이런 육감을 넘어선 제 7감, 즉 뇌로 느끼고 보는 고도의 정신 능력이 발현되는 세계가 꿈이다.

또 꿈으로 다가올 일에 대한 마음의 준비를 하고 슬기롭게 극복할 수 있다. 이런 예지몽에는 텔레파시적 예지몽과 상징적 예지몽 두 가지가 있는데 텔레파시적 예지몽은 말 그대로 미래에 일어날 일 그 자체를 예견하는 꿈이다. 하지만 텔레파시적 예지몽은 보통 사람에게 몹시 드물게 나타난다.

또 한 가지, 상징적 예지몽은 전형적인 상징물이나 상징적 행동으로 나타나는 것인데 가령 죽은 사람이 손짓을 한다든가, 강을 건너는 꿈은 해석에 따라 누군가의 죽음을 예지하기도 한다.

이런 예지몽은 영감과 직감이 발달한 사람들이 잘 꾼다. 손금으로 보면 새끼손가락 아래에서부터 비스듬하게 올라가는 감정선과 검지 아래쪽에서 손바닥 쪽으로 내려오는 지능선 사이에 열십자 모양의 선이 있는 사람은 영감과 직감이 발달해 꿈이 현실과 잘 맞을 확률이 높다.

또 좋은 꿈길몽과 나쁜 꿈흉몽이라는 것이 있는 데 길몽 중에서 '부자가 되는 꿈 베스트5'를 알려드리니, 새로운 일이나 사람을 만날 때 앞으로 일어날 일이나 관계에 대한 신호로 참고하는 것도 좋겠다.

5위는 불이 나는 꿈이다. 불이 활활 타오르는 꿈은 번성함, 확장, 발전을 의미한다. 집이 활활 타거나 자신의 몸이 불타거나 공장이 타거나 하는 꿈은 재물이 들어오는 꿈이다. 하지만 불 없이 연기만 나는 꿈은 재물의 손실, 사실무근의 소문에 휩쓸리게 되는 구설이 있을 수 있다.

4위는 대통령이 나오는 꿈이다. 귀인을 만나는 꿈은 대표적인 길몽이다. 소속된 단체의 우두머리나 권위자, 선망의 대상이 되는 사람의 은덕을 입게 되는 것을 꿈이 예지해 주는 것이다. 대통령과 악수를 하거나 훈장이나 명함을 받거나 식사, 차를 대접받는 꿈이라면 좋은 일을 기대해도 좋다.

3위는 조상 꿈이다. 조상이나 돌아가신 부모님이 꿈속에 나타나는 경우, 얼굴이나 모습의 밝고 어두움에 따라 해몽이 달라진다. 웃는 얼굴이나 다정한 모습으로 조상이 나타나면 좋은 일을 예지해 주는 것이고, 어두운 표정, 근심스런 표정, 검은빛의 얼굴로 나타나면 뭔가 안 좋은 일이 일어날 것을 알려주는 것이라 보면 된다. 실제로 돌아가신 아버님이 돈다발을 쥐여준다거나 돌아가신 어머니가 고생한다며 위로의 말을 한 꿈, 꽃을 주는 꿈, 복권을 주는 꿈은 재물로 이어진 사례가 있다.

2위는 똥 꿈이다. 똥이나 오줌은 옛 농경시대의 거름으로 재물의 상징이다. 특히 똥을 온몸에 뒤집어쓴다든가 깊이 빠지거나 밟는 꿈, 누런 똥이 변기에 차 있는 꿈은 재물에 연관되어 실현되는 특징이 있다. 그러나 대변을 버리는 꿈은 좋지 않다. 투자 등에서 손실을 당할 수도 있는 꿈이다.

1위는 돼지꿈이다. 예로부터 돼지는 다산과 풍요를 상징하는 동물이다. 돼지꿈은 사업의 융성이나 재물의 번창을 뜻한다. 상황에 따라 재물운 외에 태몽이나 이성을 만나는 일로 실현되기도 한다.

나는 감정선과 지능선 사이에 십자선이 양 손바닥에 다 있고, 실제로 꿈이 무척 잘 맞는 편이다. 그런 경험 때문에 꿈의 예지력을 믿는다. 로또 번호가 꿈에 보였지만 한 번호를 기억하지 못해 3등에 당첨되었던 적도 있고, 한번은 연락이 끊긴 친구가 창문 너머로 나를 우연히 보는 꿈을 꾸고 그날 오후에 만난 적도 있다. 하지만 꿈이라는 것은 앞서 말했듯 잘 맞는 사람도 있고 줄곧 개꿈만 꾸는 사람도 있으니 부분적으로 자기에게 맞는 해석이 필요하다.

감정선과 지능선 사이의 십자선

SNS로 운명 읽기_1

프로필 사진과 상태 메시지로 상대를 읽는다

한참 싸이월드가 유행하던 때 사람들이 이런 말을 했다. 다른 사람의 미니홈피를 보면 자신만 빼고 다 행복해 보인다고, 상대적 박탈감을 느낀다고 말이다. 이런 박탈감 때문에 나를 찾아온 한 여성이 있었다. 타고난 운을 보니 독립심이 강하고 일복도 많아 돈이 있고 없고를 떠나서 왕성한 사회생활을 할 천성이었다.

그러나 운의 흐름을 보니 환경이 좋지 않았고, 그 때문인지 행복해 보이지 않았다. 알고 보니 그녀는 태어난 지 100일 된 아이와 남편의 죽음을 경험한 적이 있었다. 이야기를 나누던 중 '가장 행복했던 시간'이 언제였는지 물어보자, 그녀는 이렇게 대답했다. 아이나 남편이 죽지 않는 '지금'이 가장 행복한 때라고. 그 말을 들으니 그녀가 겪은 큰 아픔이 그대로 느껴져 가슴이 먹먹했다.

존재하는 모든 것은 음과 양으로 나뉜다. 음과 양은 마이너스⁻와 플러스⁺ 기운으로, 여자는 음이고 남자는 양이며, 가늘고 부드러운 것이 음이고 굵고 딱딱한 것이 양이다. 마찬가지로 행복이 양이고 불행이 음이다. 그 둘의 관계는 밤이 가장 긴 절기인 동지양력 12월 22일로 설명할 수 있다. 동지가 지나면 밤은 조금씩 짧아지고 낮은 그만큼 길어진다. 불행한 순간도 이와 같다. 시간이 지나면 문제는 해결된다.

카카오톡에서 프로필 사진과 상태 메시지가 바뀌는 주기를 관찰하면, 굳이 만나거나 대화를 나누지 않아도 상대가 어떤 상태인지 알 수 있다. 누군가 당당한 모습의 사진과 자신에게 힘을 불어넣는 긍정적인 메시지를 올렸다고 가정해 보자. 인생에선 치우침 없이 중화된 상태를 유지하는 게 중요하다. 음기가 강한 사람은 남들보다 자기 성찰이 뛰어나지만 지나치면 자책감이나 죄의식을 갖게 된다. 양기가 강한 사람은 추진력은 있지만 주변 사람의 삶이나 내면을 꿰뚫어보는 힘이 부족해 독단적이고 권위적일 수 있다. 이렇게 음양이 조화를 이루지 못해 자신의 상황이 안 좋을 때는 긍정적인 메시지로 기운을 얻을 수 있다.

이혼의 아픔을 이겨내고 자신의 일을 시작한다던 한 여성은 얼핏 보기에도 매력이 넘치고 남자에게 사랑받을 수 있는 조건을 모두 갖추고 있었다. 하지만 이후 카카오스토리를 통해 엿본 그녀의 삶에는 뭔가 심각한 결핍이 있었다.

상처를 받으면 처음엔 강한 의지로 버틸 수 있지만, 어느 정도 마음이 안정되면 더 큰 후폭풍이 찾아온다. 위기에서 벗어나면 삶에 대한 고민이 심해지기 때문이다. 그녀는 맛있는 음식과 여행, 고가의 차와 각종 명품들로 상처를 달래려 했다. 사실 치유될 수만 있다면 그 방법이야 문제 될 것이 없다. 하지만 상담실을 나가는 그녀의 서글픈 뒷모습을 보자, 그 치유 방법이 과연 적절한 것인지 의문이 들었다.

주변 사람들의 기분이나 상황에 관심을 갖는 것은 좋은 인간관계의 필수 요소다. 상대가 힘들 때 말을 걸어주고 기댈 수 있는 어깨를 내어줄 여유를 갖자. 누군가가 힘들어하고 있다면 지금 당장, 당신의 따뜻한 가슴으로 그 사람을 끌어안아라.

제 7의 감각
PART 2

얼굴과 몸
증명사진 하나면 충분하다

얼굴만 봐도 그 사람과
나의 미래가 보인다

수술과 시술로
인생이 변한다?!

악질형 인간 피하는 법

얼굴과 몸

증명사진 하나면 충분하다

제 7의 감각

1 첫인상 읽기

> **얼**굴을 보면 관상 이전에 인상을 보고 그 사람의 성격이나 성향 등을 파악한다. 지금부터는 인상보다 관상 보는 방법에 대해 이야기해 보고자 한다.

처음 사람을 볼 때 보이는 그대로를 감각적으로 느껴야 한다. 특히 얼굴의 위엄을 봐야하는데 눈빛과 눈의 힘, 이마와 관골⁽광대⁾, 코, 턱에 이르는 힘을 봐야한다. 기세氣勢라고도 하는데 이러한 기세의 강약을 제대로 볼 수 있어야 한다.

그다음 얼굴을 계속 봐도 거부감이나 혐오감이 들지 않는지, 얼굴의 자연스러운 분위기를 정신적인 분위기와 함께 읽어내야 한다. 또 얼굴의 맑고 탁함을 봐야 한다. 이는 얼굴을 씻어 '깨끗하다'라던가 씻지 않아 '더럽다'라는 것이 아닌 내면의 맑음과 탁함을 보는 것이다. 얼굴을 가만 보고 있으면 마음의 고상함이나 비루함이 느껴질 때가 있는데 이는 마음의 심상心相이 그대로 반영되어 나타난 것이다.

관상은 첫눈에 감각적으로 느껴지는 이미지가 가장 중요하다. 이미지를 보면 그 사람의 격이 부자인지 빈곤한지, 귀한지 천한지가 그려진다. 그 후에 눈, 코, 입, 귀 등 각 부위의 생김새, 균형과 조화, 그리고 얼굴의 빛깔인 찰색察色을 보고 가까운 미래의 일을 예측해 볼 수 있다. 이를테면 눈을 물고기로 보고 눈 끝 어미 쪽에 윤기가 있는 연홍빛이 돌면 곧 좋은 인연을 만난다거나 이성 관계 또는 부부 관계가 좋다는 것을 암시한다.

감각적으로 느끼는 상은 크게 8가지로 나눌 수 있다. 첫 번째는 인품이 고상하고 정신적인 면이 아주 발달한 사람에게서 보이는 상으로 맑은 귀상貴相이다. 두 번째는 얼굴에 살집이 두둑하고 볼도 발달하여 위엄과 배짱이 있어 보이는 얼굴인 부상富相이다. 세 번째는 악상惡相으로 가만히 바라보고 있으면 순간순간 악마의 얼굴이 보여 두려움이 느껴지는 상이다. 네 번째는 빈천상貧賤相으로 볼이 파이고 하관과 턱도 약해 쪼들려 있는 상으로 흔히 "없어 보인다"고 말한다. 바싹 야위거나 턱이 심하게 작은 경우가 이런 빈천상에 해당한다. 다섯 번째는 고상孤相으로 한눈에 외로움이 짙게 묻어나 대화를 해도 정감이 느껴지지 않는 상이다. 여섯 번째는 수상壽相으로 신선의 얼굴이며, 일곱 번째는 요상夭相으로 병약하여 요절하는 상이다. 마지막 위상威相은 얼굴 전체에 위엄과 위상이 있어 고위관직이나 기업가로 성공할 수 있는 상이다.

하지만 관상에서 가장 중요한 것은 근본이 되는 마음의 상相이다. 관상서 마의상법에 "골상불여관상骨相不如觀相이고, 관상불여찰색觀相不如察色이며, 찰색불여심상察色不如心相이다"라는 말이 있는데, 인간의 길흉화복과 빈부귀천을 논함에 있어 골상은 관상보다 못하고, 관상은 얼굴의 색인 찰색察色을 따라가지 못하며, 찰색은 마음의 상인 심상心相보다 중요하지 않다는 말이다.

얼굴은 보이지 않는 마음에 의해 지배되고 변화한다. 모든 것은 마음心이 중요하다. 운명론자들은 마음이나 노력 여부까지 이미 정해져 있다고 주장하지만, 마음이라는 것은 그 사람의 타고난 성향이고 이는 자연스럽게 얼굴에 나타난다. 이렇게 운명 또한 만들어진다는 것을 생각해보면 역시 관상보다 이면에 있는 심상心相이 우선한다.

얼굴에 제아무리 부귀와 공명이 있더라도 좋지 않은 마음으로 인생을 대하면 언제라도 빈천해질 수 있다. 또 현재의 삶이 아무리 곤궁해도 좋은 마음으로 덕을 쌓아 가면 얼굴에 드러나고, 얼굴의 상인 관상과 마음의 상인 심상 사이에 선순환 구조가 일어나 서로 좋은 영향을 미친다. 따라서 상이 아무리 좋다 해도 자만할 것이 아니며, 빈천한 상이라 해도 실망할 것은 아니다.

제 7의 감각

2 얼굴만 봐도 그 사람과 나의 미래가 보인다

> **우**리는 말을 통해 사람을 이해할 수 있다. 가치관이나 지적 수준, 선함과 악함도 알 수 있다. 하지만 말이라는 것은 필요에 따라 거짓말이나 원하는 것을 얻기 위한 수단이 될 수 있어 언제나 의문스럽다.

얼굴은 거짓말하지 않는다. 이미 마음의 상이 반영되고 수십 년 살아오면서 만들어진 눈빛, 표정과 주름은 살아온 인생을 고스란히 담고 있다. 그렇게 얼굴에 담긴 천성으로 수많은 선택을 하게 되니 다가올 인생도 큰 틀은 정해져 있다.

얼굴과 몸
증명사진 하나면 충분하다

따라서 얼굴만 제대로 읽어낼 수 있다면 나와 맞는지 맞지 않는지, 그리고 앞으로의 관계까지 추측해 볼 수 있다. 남녀 궁합뿐만 아니라 사업이나 친구, 지인으로서도 마찬가지다.

우선 얼굴형으로 보면 사람의 얼굴은 크게 원형, 사각형, 역삼각형으로 나눌 수 있다.

원형　　　　　　사각형　　　　　　역삼각형

자신의 얼굴형이 어디에 해당하는지 알아보자. 일단 유사한 얼굴형끼리 만나는 것은 권하기 어렵다. 원형 얼굴끼리의 만남은 좋을 때는 한없이 좋지만 참을성이 없어 한번의 큰 다툼으로 헤어지기 쉽다. 사각형 얼굴끼리 만나면 여성은 전업주부로만 있기 어렵고 사회 활동을 해야 하므로 내조가 부족해 조화롭지 못하다. 역삼각형끼리 만나면 마음은 맞지만 뭔가 하나 어긋나면 관계를 회복하는 의사 표현이 서로 서툴러 어색하게 멀어지기 쉽다.

남자 얼굴이 원형일 때 사각형 얼굴의 여자를 만나면 게으른 남자가 부지런한 여자를 만난 격이니 여자가 고단하고, 역삼각형의 여자를 만나면 대범함과 명랑함이 발휘되는데, 이때 여자는 섬세하게 내조하여 좋다.

남자가 사각형일 때 삼각형 아내를 만나면 성실하게 바깥일 잘하는 남편과 내조 잘하는 아내가 만난 격이므로 좋고, 원형의 아내를 만나면 남자다운 사각형 얼굴의 남편이 상냥한 아내와 있어 행복하다.

남자가 삼각형 얼굴일 때 사각형 얼굴의 여자를 만나면 남자는 엄한 아내에게 기죽어 무기력해지고 잡혀 살게 된다. 원형의 아내를 만나면 화끈하고 충동적인 면이 있어 겉치레할 수 있는 아내와 견실한 남편이 만난 모양이다. 아내가 남편을 휘두른다.

남녀 모두 눈이 큰 경우 감성적이고 돈 씀씀이가 클 수 있어 경제적 어려움이 있을 수 있고, 서로 눈이 작은 경우 검소하게 돈을 모을 수는 있지만 낭만이 없다. 남자 눈이 크고 여자 눈이 작은 경우 남편은 화려한 것을 좋아하고 여자는 다소 소극적일 수 있다. 남자가 눈이 작고 여자가 눈이 큰 경우 남자의 내성적인 면을 아내가 밝게 보완해서 좋은 짝이 될 수 있다.

남녀 서로 두껍고 큰 입을 가지면 정력적이고 정열적인 부부관계를 기대해 볼 수 있고, 서로 두껍고 작은 입을 갖고 있으면 애정표현이 서투르다. 남자 입이 크고 여자 입이 작으면 애정 있는 남편에게 아내는 고분고분하여 좋은 짝이 될 수 있고, 남자 입이 작고 여자 입이 크면 아내에게 휘둘리기 쉬운 남편이 되지만 남자가 잘 받아주면 좋은 인연이 될 수 있다. 남녀 모두 광대뼈^{관골}가 발달하면 자기주장이 강하고 드세어 양보 없이 매일 다투거나 무정한 쇼윈도 부부처럼 살아가기 쉽다.

남녀나 사업 파트너, 친구, 지인끼리의 만남이라도 보완관계에 있는 것이 좋다. 물론 공통 관심사나 공유할 수 있는 부분도 있어야 하지만, 서로 다른 면이 있어 보완해 주는 동반자가 될 때 10년 후에도 같이 있는 모습을 그릴 수 있다.

제 7의 감각

3 눈은 관상의 중심이다

> **사**람을 볼 때 눈만큼 그 사람에 대해 많이 알 수 있는 부위도 없다. 눈은 '마음의 창'이라고 하듯 눈을 보면 그 사람이 무슨 말을 하려는지 알 수 있다.

대화 중 잠시 침묵이 흐를 때 상대의 눈을 보면 말한다는 느낌이 들 때가 있는 것도 이 때문이다. 눈은 분노를 말하기도 하고 기쁨과 즐거움, 그리고 슬픔까지 담고 있으며 때론 희로애락 이상의 다른 감정을 표현하기도 한다.

일례로 사랑하는 사람의 눈을 보고 있으면 만나지 않은 며칠 동안 무슨 일이 있었는지 느낄 수 있다. '몸이 천 냥이면 눈이 구백 냥'이라는 말처럼 눈은 많은 감정과 정보를 담고 있다.

눈은 크게 큰 눈과 작은 눈으로 나눌 수 있다. 눈이 큰 사람은 정열적이고 감성적이어서 쉽게 뜨거워지고 쉽게 차가워지는 성향이 있다. 그만큼 일이나 사랑에 몰입도가 큰 편이라 할 수 있다. 예민한 감각과 개방적인 성격으로 많은 사랑과 인기를 얻을 수 있지만, 가장 가까운 사람에 대해서는 호불호가 분명하다. 처음에 누군가를 만나도 제3자를 끼고 만나는 경우가 많은 것도 자기 사람으로 들이기 전까지 시간이 필요한 타입이기 때문이다.

또 자신감도 강한 편이라 마음이 떠나면 미련을 갖지 않고, 곧바로 다른 상대가 나타나기도 한다. 바람기라고 볼 수도 있겠지만 자기 타입의 사람에 대한 극단적 직감으로 '내 사람'과 '내 사람이 아닌 사람'을 쉽게 분별하는 능력을 가지고 있고 그것이 까다롭다. 하지만 '내 사람'이라고 한눈에 들어온 사람에 대해서는 이상하리만큼 개방적이다. 이는 사람 보는 기준이 명확하고 까다롭기 때문에 흔치 않은 기회를 놓치고 싶지 않은 본능 때문이다. 그래서 여자인 경우 남자 운이 약하다고 하지만 남자에게 사랑을 듬뿍 받을 타입인 것만은 분명하다.

눈이 큰 사람은 리더십이 강해 다른 사람 밑에서 일일이 지시받으며 일하는 것을 좋아하지 않는다. 그리고 한곳에 갇혀 일하는 것보다 밖에서 적극적으로 자신을 드러내며 자기만족을 추구한다. 반면 눈이 작은 사람은 한눈에 매력적으로 보이기 어렵기 때문에 시간을 두고 천천히 성공할 수 있는 스타일이다. 서둘러 인기를 얻으려고 하기보다 때를 기다려야 한다.

여자의 경우 큰 눈의 여자보다는 매력이 조금 떨어져 주변에 남자가 적지만 한 남자를 오랫동안 지켜보고 결혼을 결정하며 모성본능도 강하다. 그리고 눈이 작고 긴 사람은 남녀 모두 세상을 보는 통찰력이 뛰어나다. 독특한 발상으로 자기 영역을 확보할 수 있는 장점도 있다.

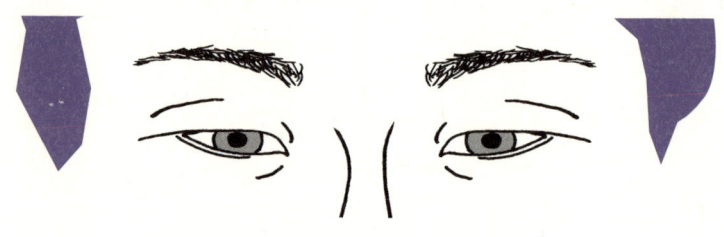

통찰력이 뛰어난 눈

눈이 작고 긴 사람은 남녀 모두 세상을 보는 통찰력이 뛰어나다.
독특한 발상으로 자기 영역을 확보할 수 있는 장점도 있다.

4 귀함과 출세운이 있는 얼굴

제 7의 감각

사람마다 원하는 것이 다르다. 어떤 이는 돈을 목적으로 살고, 어떤 이는 명예를 갈망한다. 반면 세상의 잣대인 부귀공명에는 관심 없이 소박한 삶을 즐기면서 유유자적하는 사람도 있다.

성공하여 이름을 날리고 조직에서 높은 자리까지 올라가려는 욕심이 있다면 자신의 이마를 잘 살펴볼 필요가 있다. 이마가 얼굴 전체를 기준으로 좁거나 넓지 않은지 봐야 한다. 3등분했을 때 3분의 1 정도가 적당한 너비로 길상이다.

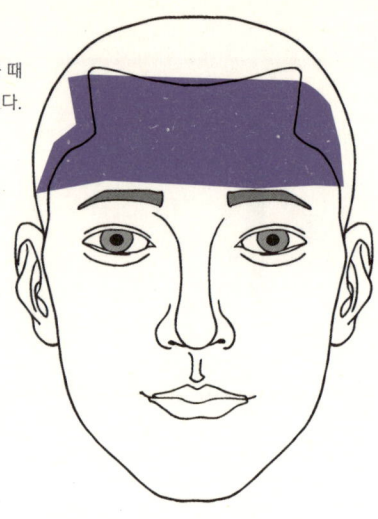

이마가 얼굴 전체를 기준으로 3등분했을 때
3분의 1 정도의 적당한 너비가 길상이다.

큰 상처가 있거나 좌우대칭이 되지 않고 크게 뒤로 후퇴한 이마라면 태생적으로 초년에 좋은 운이 아닐 가능성이 높고, 조직에서 큰 명예를 얻기 어려울 수도 있다.

특히 여자의 이마가 이럴 경우 본인도 본인이지만, 앞으로 만나게 될 남편 운이 조금 약하거나 결혼했다면 남편 일이나 사업에 고난을 부를 수 있다.

후퇴 이마

고위 공무원이나 군인, 경찰로 높은 지위까지 올라간 사람치고 이마가 못 생기고 죽어있는 사람은 본 적이 드물 것이다. 또 정치가나 사업가 중에 이마를 드러내지 않은 사람은 없다.

관상을 볼 때 눈 다음으로 중요한 부위가 이마다. 이마의 중심인 관록궁이 간肝을 엎어 높은 것처럼 도톰하고 그 빛이 좋으면 높은 지위까지 올라가게 된다. 반면에 이마가 뒤틀어져 있거나 쑥 들어간 부분이 있으면 직장을 자주 옮기고 직업적으로 안정된 생활을 하기 어렵다.

관록궁 이마

뒤틀어진 이마

제 7의 감각

5 재물운이 넘치는 얼굴

> **사**람마다 자신에 맞는 그릇이 있다. 다른 사람이 잘됐다고 시기하거나 욕심내지 않고 사는 것이 어쩌면 행복하게 살 수 있는 가장 좋은 방법이다.

돈을 많이 벌었거나 승승장구하는 사람의 얼굴을 가만히 살펴보면 뭔가 다르다. 눈빛에 힘이 느껴지기도 하고 얼굴 전체의 빛깔이 맑고 위엄 있다.

그렇다면 부(富)하게 되는 얼굴은 어떤 특징을 가지고 있는지 살펴보자.

우선 코는 재물운을 볼 때 가장 중요한 부위다. 코는 재백궁財帛宮이라 해서 재물운을 보게 된다. 코의 뼈대가 풍성하고 바르며 코끝의 준두라고 불리는 부위에 살집이 잘 잡혀 있으면 돈을 벌 수 있고, 콧방울이 발달했으면 돈을 지키는 힘이 있다.

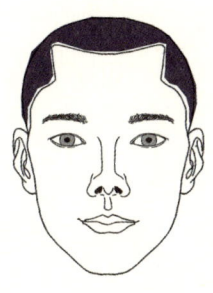

단 콧구멍이 정면에서 봤을 때 훤히 보이면 돈이 새어나가기 쉬운 상이다. 항상 수입에 비해 지출이 많아 경제적으로 궁핍하기 쉽다.

장사나 사업으로 큰돈을 번 사람의 코는 길지 않고 다소 짧은 듯한 특징을 보인다. 길고 큰 코는 자존심이 강하면서 보수적이므로 장사에 어울리지 않는다. 오히려 고지식하게 자

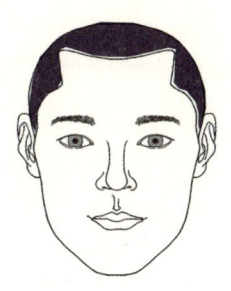

기 분야를 천천히 일구어 나가는 직업이 맞다고 할 수 있다.

반면 코가 짧은 사람은 융통성과 함께 특유의 낙천성으로 장사 수완을 발휘할 수 있다. 자존심을 세우기보다 사람들과 타협하여 결과를 이끌어 가는 재주가 있다.

제 7의 감각

6 사기꾼은 눈빛으로 알 수 있다

> **한**국 사람들의 관상이나 사주에 대한 관심은 가히 폭발적이다. 더구나 2013년 개봉한 영화 〈관상〉이 1,000만 명 가까운 관객 몰이를 하면서 관심을 가중시켰다.

관상이나 사주, 풍수를 주제로 강연을 하면 자리가 꽉 찬다. 그리고 특이한 점은 인생에 대해서 조금 알 만한 연령대의 분들이 많이 오시고 강연에 더 깊이 공감한다는 것이다.

한번은 700여 명 가까이 되는 분들을 앞에 두고 관상에 대한 강연을 하는데 나이 지긋하신 할아버님이 질문하셨다.

"관상에 대해서 말씀을 해주고 계신데, 사실 이 나이대에 제일 궁금한 것은 사기꾼 관상이에요. 세상에 사기꾼들이 너무 많아요. 사기 칠만한 얼굴에 대해서 좀 알려주세요."

강연이 끝나고 다시 찾아오신 그 분은 강남 쪽에 작은 건물을 갖고 있다고 했다. 은퇴 후에도 안정적인 수입이 있어 어렵지 않게 살고 계신 것 같았지만 그래도 노후에 대한 불안감은 있는 듯했다.

은퇴 후 돈을 조금 가진 상태에서 미래의 지속적인 수입에 대해 고민하고 창업이나 임대업 등 이런저런 분야에 관심을 갖다 보면 사기꾼을 만나 돈을 홀랑 까먹기 십상이다. 이제부터 사기꾼 얼굴, 관상에 대해 몇 가지 말하려고 하니, 부디 어렵게 모은 재산을 공허하게 날려 마음 고생하는 일은 없길 바란다.

첫 번째는 얼굴 전체를 감각적으로 판단해 보는 것이다. 누구나 화가 나면 얼굴이 일그러지고 붉으락푸르락해진다. 하지만 상대 얼굴을 보고 갑자기 두려움이 느껴지거나 몸에 소름이 돋거나 떨리는 느낌이 들면 일단 악상惡相이라 판단해도 좋다. 물론 악상惡相이 모두 사기 치는 상이라 볼 수는 없다. 오히려 단순하고 쉽게 폭력을 휘두르거나 지성을 갖추지 못한 경우가 많다.

사기꾼 얼굴은 탁하여 맑지 못하고 인상이 더럽다. 얼굴을 씻고 안 씻고의 문제가 아니라 전체적으로 깨끗함이 없고 세속적으로 보이며 구질구질한 더러움이 느껴지는 상이다. 점잖지 못하고 본인의 이익을 위해서는 그 어떤 것도 안중에 없으니 주의가 필요하다.

두 번째는 눈빛이다. 눈매는 수술로 바꿀 수 있다고 해도 눈빛은 바꿀 수 없다. 특히 눈의 시선이 바르지 못하고 곁눈질하는 사람은 지극히 이기적이며 교활하다. 또 눈 아랫부분에 흰자위가 많으면 자신의 목적을 위해 무엇을 희생시키든 거리낌 없어 그 주위에 있다간 자칫 먹잇감이 되기 쉽다.

눈동자가 작으면서 눈동자의 왼쪽, 오른쪽과 아래 또는 눈동자의 왼쪽, 오른쪽과 위 이렇게 세 부분에 흰자위가 보이는 눈을 삼백안三白眼이라 하며, 이런 눈을 가진 사람은 잔인하고

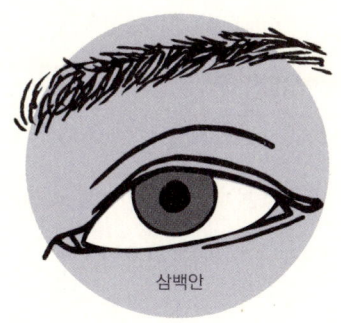

삼백안

모질며 악한 배신자 상이다. 정에 얽매이지 않고 돈 되는 일이라면 물불을 가리지 않는다.

세 번째는 코다. 코끝을 관상학적으로 준두라고 하는데 이 부위가 술에 취한 것처럼 붉으면 간사하고 꾀가 많아 이간질에 능하며 말을 왜곡해 옮겨 자기 목적만 달성하려 한다. 자신이 받은 은혜도 눈앞의 이익을 위해 손쉽게 저버리고 그것을 숨기기 위한 정치적 활동이 능수능란하니 사기꾼 성향이 다분하다고 하겠다.

물론 개중에는 능력보다 권모술수로 높은 지위까지 오르는 경우도 있다. 하지만 얼굴 격이 천하여 오래가지 못하고 뒤가 구린 생활이 일상화되어 불안과 근심이 가득하다. 당연히 그 불길함이 가정까지 미친다.

또 지나치게 매부리코이면서 날카로운 사람은 저돌적이며 자신의 잇속을 챙기는 데 능수능란하여 투자 받는 데도 능하지만 한번 자기 손에 들어온 돈도 절대 나가지 않는다. 이런 사람에게 투자하거나 돈을 빌려주면 받기 어렵다.

매부리코

네 번째는 가난에 쪼들려 보이는 빈상貧相의 얼굴로 근본적인 인품이 나쁘다고 볼 수는 없다. 그러나 이런 상의 사람은 투자를 위해 받은 돈을 불려 주지 못하니 결국 투자한 사람 입장에서 봤을 때 사기 당한 꼴이 되기 쉽다. 코는 살집 없이 빈약하고 콧방울도 발달하지 않아 그나마 들어온 돈도 지킬 힘이 없다. 정면에서 콧구멍이 훤히 보여 돈 나갈 일이 끊이지 않고, 볼이 여위고 턱도 발달하지 않았다. 또한 귀가 작고 눈을 보호하는 처마 역할인 눈썹의 모양새가 약하면 빈상이다.

빈상貧相은 기술직이나 서비스업에 종사하며 크게 욕심 내지 않고 작은 복에 만족한다면 크게 문제 없으나, 욕심 내어 큰일을 벌이면 실패하기 쉽다. 한 직장에서 오래 근무하며 천천히 길게 본다면 부족함은 있어도 별 탈이 없다.

다섯 번째는 얼굴의 전체적인 균형이 맞지 않는 경우다. 얼굴의 균형과 조화는 눈, 코, 입, 귀 등 각 부위의 생김새만큼이나 중요하다. 코가 구부러져 있거나 좌우 눈동자가 심하게 다른 경우 거짓말에 능하며, 좌우 대칭이나 균형이 안 잡힌 얼굴은 쉽게 마음이 변하거나 배신을 일삼는다.

여섯 번째는 음성, 즉 목소리에 윤기가 없어 메마르고 갈라지는 사람이다. 이런 경우 돈이 항상 부족하다. 믿고 돈을 투자하거나 빌려주면 받지 못할 가능성이 높다.

평생 사기꾼 한 명 만난 적 없다면 그 또한 성공한 인생에 들 수 있지 않을까 싶다. 내 주변 사람들의 얼굴을 찬찬히 그려보자.

제 7의 감각

7 바람둥이 상은 따로 있다

> **상**대가 남자건 여자건 바람둥이한테 잘못 걸리면 몸과 마음 모두 피폐해진다. 그리고 바람둥이의 천성은 여간해서 잘 바뀌지 않는다. 가끔 양심의 가책을 받지만 그때뿐이다.

바람둥이가 현장에서 잡히는 경우는 거의 없다. 늘 심증만 있고 물증이 없어 상대는 더 괴롭다. 맞는 것도 같고 아닌 것도 같고 의심했다가 믿었다가 오락가락 정신을 못 차린다. 그러면서 상대방에 대한 집착은 더 커져만 가고 그것을 사랑의 감정으로 착각하며 진정한 사랑은 괴로운 것이라 위안한다.

바람둥이야 여러 사람에게 감정을 고루 나눠주고 있으니 한쪽에서 충족되지 않는 사랑의 감정을 다른 쪽에서 바로 채우면 그만이다. 하지만 바람둥이와 만나는 사람은 오직 그 사람만 바라보기 때문에 상대가 자신과의 관계에 몰입하지 않는 것 같아 속상하다. 그리고 둘의 관계에 대한 의문마저 들면서 이상한 기분을 느낀다.

나를 어떻게 생각하는지, 우리가 사귀고 만나는 것은 맞는지, 남자 친구나 여자 친구라고 말할 수 있는 것인지, 관계 규정조차 되지 않으니 죽겠다. 그리고 오히려 그 사람을 만나기 전보다 더 외롭고 행복하지 않은 자신을 발견하게 된다. 이쯤에서 적당히 관계를 끊고 나올 수 있다면 괜찮겠지만 그것도 쉬운 일이 아니다.

이제껏 살아오면서 수많은 양다리 또는 여러 이성을 만나면서 갈고 닦아온 바람둥이들의 실력(?)은 나날이 발전해 달인(?)의 경지에 도달했다. 상대가 이리 나오면 이렇게 한다는 매뉴얼이 있을 정도로 감정의 우위를 점하며 상대의 남은 감정을 끝까지 빨아들인다. 어떤 사람을 만나느냐에 따라 인생은 크게 달라진다.

그럼 이제 여러분이 주의해야 할 바람둥이 관상에 대해 살펴보자. 바람기 특징 중 첫 번째로 '도화안桃花眼'을 꼽는다. 눈빛이 반짝반짝 빛나고 마치 눈에 눈물을 머금은 듯한 눈을 '도화안桃花眼'이라 한다. 이런 여자나 남자는 그 끼가 보통이 아니다. 지극히 매력적이고 순식간에

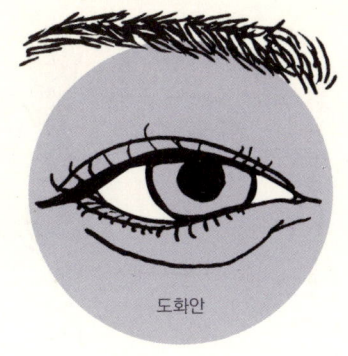
도화안

사람 마음을 빼앗는 기질도 뛰어나 주변에 그 매력에 빠져 있는 이성이 많을 가능성이 높다. 당연히 많은 구설이 뒤따른다.

이런 타입은 한 남자나 여자에 오랫동안 머물거나 정착하기 어렵다. 끼를 발산하는 방송, 연예, 예술 쪽에 관련된 일을 하지 않는다면, 이런 사람과의 만남은 당신을 파국으로 몰아갈 공산이 크다. 만약 감수하겠다면 몸에서 사리가 나올 정도의 인내심을 갖고 덤벼야 한다. 당신이 맛보게 될 연애는 상상 이상으로 괴롭고 견디기 어려울 것이기 때문이다. 당연히 일반적인 연애 패턴과 다를 것이고 그로 인해 여러 가지 의문이 들 것이며, 그렇다고 딱히 해결도 되지 않은 상태에서 상대방 말 한마디에 천국과 지옥을 오가는 묘한 경험을 하루에도 몇 번씩 하게 될 것이다.

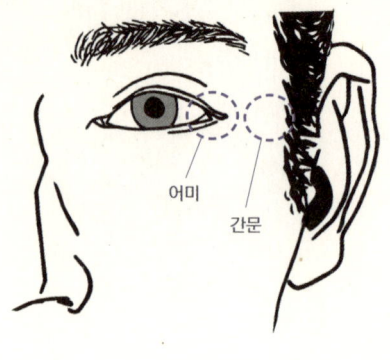

두 번째는 눈꼬리 부분을 보면 알 수 있다. 눈을 물고기라고 보고 눈 끝, 즉 눈꼬리를 어미魚尾. 물고기의 꼬리라 하고 그 어미 다음 부위를 간문奸門이라 하여 이 부위를 보고 이성 관계를 판단하게 된다.

이 부위에 기미나 상처가 없고 팽팽하고 풍만하여 아름다우면 좋은 배우자를 만나거나 남녀 간에 좋은 관계가 유지되고 있다고 할 수 있다. 반면 상처나 사마귀가 있는 사람은 이성 관계로 인한 곤란함을 피하기 어렵다. 주름이 자글자글 있는 상도 잦은 이성 관계로 마음이 피폐해진 상태이기 쉽다.

한번은 얼굴에 도화빛이 가득하고 특히 어미간문 부위에 분홍빛 윤기가 흐르는 30대 초반 여성이 찾아온 적이 있다. 이 분은 사랑에 빠져 다른 곳에는 마음 둘 여유도 없이 결혼까지 갈 수 있을지에 대한 궁금증만으로 가득했다. 특히 팽팽하게 약간 부풀어 오른 어미간문은 아름답게 보일 정도였다.

세 번째는 눈썹과 눈썹 사이인 미간이 좀 넓다거나 눈과 눈 사이가 넓은 상이다. 이런 상은 정열적이고 이성의 유혹에 약한 면이 있어 규칙적이고 반복적인 접근에 쉽게 빠진다. 색정色情이 강한 상이라 할 수 있다.

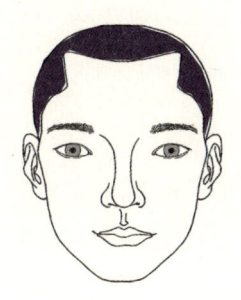

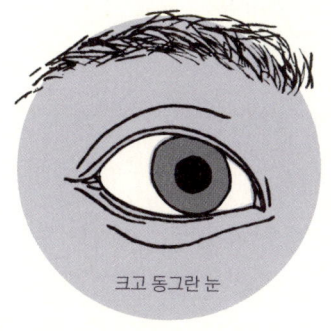

크고 동그란 눈

보통 적극적인 구애는 남자가 먼저 하므로 남자에 비해 여자가 이런 상을 하고 있는 경우, 본의 아니게 유혹의 손길에 빠지기 쉬우니 각별한 주의가 필요하다.

네 번째 바람둥이 상은 크고 동그란 눈을 가진 상이다. 이런 눈은 이성적이고 비판적이기보다 감성이 풍부하다. 이것저것 재는 것 없이 마음 가는 대로 움직이기 쉽다. 또 얼굴 전체에 화기和氣가 약해 그 외로움이 바람기로 이어질 가능성이 크다.

정리하면 미간이 넓은 여성은 한 남자로 만족 못하기 쉽고, 남자의 유혹에 쉽게 넘어간다. 눈꼬리가 위로 올라간 여성은 자신이 원하는 사랑에 적극적이고, 눈 밑 부위가 푸르스름하거나 어두운 여성은 남자관계가 복잡할 가능성이 높다. 눈에 흰자위가 많으면 자기가 원하는 남성에게 물불 가리지 않고 달려들며, 광대뼈 나온 여성도 원하는 것을 손에 넣지 못하면 직성이 풀리지 않으니 이성 관계도 예외는 아니다. 팔자주름 위 볼에 점이 있는 여성은 인기가 많아 항상 주변에 남자가 끊이지 않고, 젖은 눈을 가진 여성은 색을 밝힌다.

웃을 때 잇몸이 드러나는 여자는 정에 약해 유혹해 오는 남자를 쉽게 뿌리치지 못한다. 곱슬머리에 손질을 하지 않는 여자도 유혹에 약하다. 또 귀 위쪽 끝 부분이 눈의 위치보다 높으면 본능적이므로 색욕이 강하다.

남자의 경우 코가 크고 발달해 있거나, 특히 매부리코는 정력적이다. 여자가 눈 밑 흔히 '애교살'이라고 불리는 와잠 臥蠶. 누에가 누워 있다이 도톰하고 색이 좋으면 건강하고 총명한 아이를 낳을 수 있으므로 남자 입장에서 본능적으

정력적인 남성의 상

로 끌릴 수 있다. 남자가 발달한 경우에는 정력적이다.

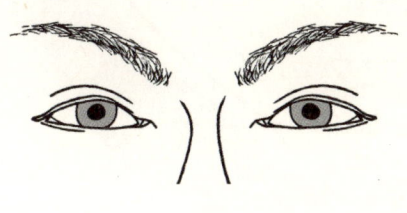

치켜 올라간 눈썹의 남자는 구애에 적극적이며 10명에게 다가가 3명 건지면 된다는 식이라 많은 여자를 만날 가능성이 높다. 굳이 한 여자에게 장기간 머물지 않을 것이다.

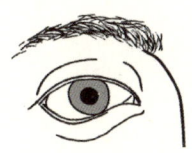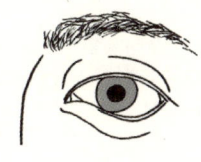

또 눈이 처진 남자나 여자는 이성문제로 곤란을 겪기 쉽다. 바람을 피운다기보다 여러 이성에 치이며 살기 쉽다.

남자의 경우 아무리 바람둥이라도 턱에 세로로 홈이 파였으면 책임감이 강하다. 그렇기 때문에 바람을 피워도 가정을 지키려 할 것이고, 자식 사랑도 깊어 이혼하는 일은 없을 것이다. 또 미래에 대한 꿈을 자주 그리는 스타일로 로맨티스트 기질이 다분해 아내에게 행복을 줄 수 있다.

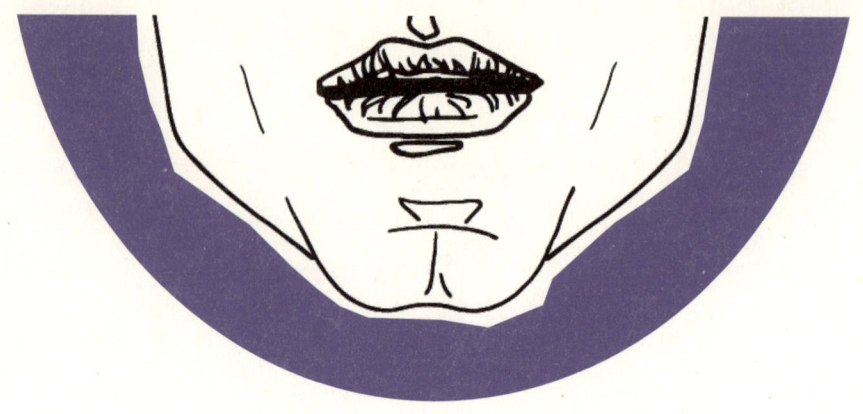

세로로 홈이 파인 턱

남자의 경우 아무리 바람둥이라도 턱에 세로로 홈이 파였으면 책임감이 강하다.
그렇기 때문에 바람을 피워도 가정을 지키려 할 것이고,
자식 사랑도 깊어 이혼하는 일은 없을 것이다.

남자건 여자건 우선 전체적인 상의 맑고 탁함을 봐야 하는데 이는 보통 첫인상에서 결정된다. 적어도 맑고 깨끗한 선인善人인지 악인惡人인지 구별할 줄 알아야 하고, 많은 사람들을 보고 접하다 보면 자기만의 기준도 생긴다.

제 7의 감각

8 노처녀, 노총각 상은 어떤 얼굴일까

결혼 적령기가 점점 높아지는 추세다. 결혼을 꼭 해야 하는지 의문을 갖는 사람도 늘고 있다. 여성의 사회생활이 많아지면서 경제적 독립이 가능해진 부분도 결혼 적령기를 높인 이유 중 하나가 될 수 있다.

그래서 결혼 적령기를 훨씬 뛰어넘은 노처녀, 노총각들이 부지기수로 늘고 있다. 주위만 봐도 결혼 생각이 없는 능력 있는 처녀, 총각도 많고, 결혼을 간절하게 원하지만 이렇다 할 짝을 만나지 못한 노처녀, 노총각도 많다. 노처녀, 노총각의 얼굴에는 어떤 특징이 있는지 살펴보도록 하겠다.

눈썹과 눈썹 사이인 미간이 지나치게 좁은 경우 남녀 모두 의사 전달이 서툴러 자신의 감정을 표현하거나 사랑의 감정을 주고받는 데 익숙해지기 힘든 면이 있다. 또 역삼각형 얼굴은 사교가 서툴러 고독한 면이 있을 수 있다.

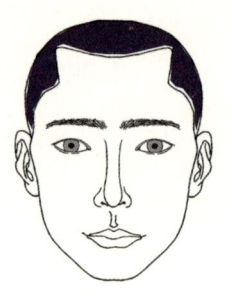

특히 남자의 경우 얼굴의 중심을 잡아주는 코가 약하고 뼈대만 앙상하거나 볼품없게 자리하면 노총각이 될 가능성이 크다. 콧구멍만 보이고 코가 있는 듯 없는 듯 작은 코는 좋은 여자를 휘어잡기 힘들다. 이런 약한 코를 가진 남자는 여자를 책임질 수 있을 만한 적극성과 추진력이 부족해 결혼이라는 결단을 쉽게 내리지 못할 가능성이 높다.

여자의 경우 좌우 관골, 즉 광대가 발달해 있으면 사회 활동에 대한 욕심이 많기 때문에 일을 중요시해 어느 정도 성공하기까지는 결혼을 뒤로 미루는 경향이 있다. 일을 시작하고 성공하기까지 일정한 시간이 필요하다. 일에서 '이 정도 했으면 됐어'라는 자기만족이 있어야 다음 단계인 결혼으로 넘어갈 수 있다. 그렇지 않고 결혼하게 되면 집안 살림도 어정쩡한 상태가 되고 밖에서 일을 하고자 하는 강한 욕구 때문에 가정에 소홀해지기 쉽다. 더군다나 관골이 발달한 상태에서 입이 크다면 야망도 있어 남편을 내조하고 아이를 키우면서 사는 삶에 동경이 없다.

광대가 발달한 얼굴

입이 크다는 것은 두 눈의 눈동자에서 내려오는 두 개의 세로선을 기준으로 그 기준선을 넘어가는 크기면 크다고 보고 그 기준선에 못 미치면 보통이거나 작다고 할 수 있다. 가만히 있을 때와 웃을 때 둘 다 보는 것이 맞다.

가만히 있을 때   웃을 때

또 여자의 경우 이마 한가운데인 관록궁官祿宮을 보고 명예, 남편의 성공이나 남편 복을 보게 되는데 이것이 약한 경우 한 남자에 정착하는 데 오랜 시간이 걸린다. 이마의 좌우가 틀어져 대칭이 아니거나 너무 좁거나 넓은 경우도 남편을 만나는 데 시간이 걸려 결혼을 조금 늦게 하는 것이 좋다. 이마에 큰 흉터나 기미가 있어도 일찍 결혼하면 행복한 결혼 생활이 되기 어렵다.

이마가 좁고 넓음의 기준은 우선 얼굴을 3등분으로 나눠보면 알 수 있다. 이마 끝에서 눈썹, 눈썹에서 코끝, 코끝에서 턱 끝으로 나눈 후 이마 끝에서 눈썹까지의 길이가 전체 얼굴 길이의 3분의 1보다 좁으면 발달하지 못한 것이고 그보다 크면 넓은 것이다.

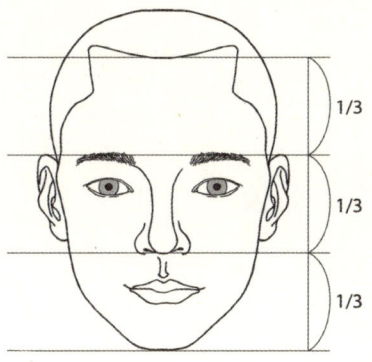

여자 이마가 둥글면서 넓은 경우 옛날에는 과부상이라고 했으나 남녀가 경쟁하는 현대사회에서는 오히려 믿음직한 여성이라 할 수 있다. 이런 이마를 가진 여성은 독립적이고 자립심이 강해 남편감을 만나는 데 오랜 시간이 걸리지만, 헤어진 남자에 크게 미련을 갖지 않는 합리적 성격의 소유자다.

여자가 이마가 발달하지 못했거나 지나치게 넓은 경우, 결혼할 남자를 만날 때 충분한 시간을 갖고 둘 사이의 관계에 대해 생각해 보는 것이 좋다.

이마가 둥글면서 넓은 경우
자립심이 강한 합리적 성격의 소유자다.

연애 기간은 봄, 여름, 가을, 겨울의 4계절 동안 달라지는 상대와 나의 감정변화를 느낄 수 있도록 1년 정도 잡는 것이 좋다. 노처녀, 노총각이라도 평생 함께할 인연을 단숨에 결정하는 것은 직감이 발달한 사람이라도 위험하다.

제 7의 감각

9 악질형 인간 피하는 법

> **세**상에는 온갖 부류의 악질형 인간이 있다. 자녀나 부모가 그런 사람인 경우야 어쩔 수 없지만 배우자가 되기도 하는 걸 보면, 상대가 아무리 악질이라도 자신에게 잘하고 못하고를 기준으로 삼는 것 같다.

특히 여자의 경우 모두에게 친절한 사람보다 보통 자기한테만 잘하는 사람을 선호하는 편이다. 하지만 내 생각은 다르다. 사람으로 태어났으면 기본적으로 지켜야 할 선이 있다. 그 선을 넘어 자기 이익만 추구하고 다른 사람들에게 피해를 주며 밟고 일어서려는 자는 가까이 두면 안 된다.

물론 모든 사람에게 좋은 사람일 수는 없다. 어떤 이에게는 정말 고마운 평생의 은인이지만, 어떤 이에게는 욕먹는 사람일 수도 있다. 하지만 타고난 근본에 선善함이 있어야 한다. 따라서 악질 구별은 필수다.

악질惡質은 일단 책임지지 않으려 한다. 무한 무책임주의다. 책임질 위치에 있어도 교묘하게 아래로 떠넘긴다. 누군가를 문책하거나 처벌해 빠져나가려고 하는 데 여념이 없다. 손 안대고 코 풀려고 하는 것도 같은 맥락이다. 예를 들어 좋은 투자처가 있어서 지인들과 같이 투자했을 경우, 어찌어찌하여 돈을 못 받게 되었을 때 악질형 인간은 절대 앞으로 나서지 않는다. 그저 뒤에서 이간질하고 욕하면서 같이 투자한 사람들을 조종한다. 그리고 정작 해결해야 할 때는 자기만 살짝 빠지는 야비한 면이 있다.

근본적으로 악랄한 근성은 쉽게 바뀌지 않는다. 사람마다 얼굴과 인생의 격格이 있는데 이는 그 사람이 갖고 있는 돈과 명예의 문제를 떠나 삶을 바라보는 관점이다. 자신이 성공하려면 남을 짓밟아야 한다고 생각하고 열등감과 시기심이 가득해 모든 것을 삐딱하게만 본다.

말쑥한 차림의 노신사가 회사에 불쑥 찾아와 회장 이름을 대며 급하게 수표를 현금으로 바꾸려 했다. 경리는 그 말을 믿고 현금을 줬으나 뒤늦게 수표가 위조된 것임을 알게 된다. 1,000만 원 수표를 확인도 없이 현금으로 건네준 어리석음은 문책 받아야 마땅하다. 하지만 그 부서 팀장은 본인이 700만 원을 마련하고 나머지 300만 원은 직원들에게 조금씩 받아 없었던 일로 조용히 마무리했다.

악질형 팀장은 그럴 리 만무하다. 일단 급하게 인사위원회를 열어 그 직원에게 책임을 물을 것이고 회사 자금에 대한 손실을 빨리 메꾸도록 으름장을 놓을 것이다. 또 잿밥에 관심이 많다. 조직 내에서 일이 벌어지면 그 안에서 자신이 취할 수 있는 이득에만 관심 있다. 단돈 10원이라도 챙기지 않으면 성에 차지 않는다. 심지어 법인 카드 포인트까지도 철저히 챙긴다. 자신이 선호하는 음식점에 포인트 카드를 만들고 사람들을 몰고 간다. 그리고 적립한 포인트로 가족과 식사하며 따뜻한 아버지 노릇을 한다.

얼핏 보면 악질형 인간이 일을 열심히 하는 것 같고 성과도 잘 내는 것 같다. 하지만 조금 자세히 보면 전혀 그렇지 않다. 오히려 악질형 인간 때문에 주변 사람들의 성과가 떨어진다. 실제로 그런 악질이 없어진 조직에서 전체적으로 성과가 크게 늘었다는 조사 결과도 있다.

그런 부류는 주인 의식과 주인을 구별하지 못한 채 주인 행세하기 바쁘다. 일을 추진하고 잘못되었으면 분명 책임이 있지만 자신은 마치 감사監事인 양 비난하기에 바쁘다. 뇌 구조가 그 모양으로 생겨먹은 건 지는 몰라도 일반적 상식과 기준으로 판단하기 어려운 인간형이다.

악질은 잘 웃는다. 그 웃음에 속으면 밝게 웃는 표정 속에 가려진 악랄함의 끝을 보게 될 가능성이 높다. 잘 웃는 얼굴이라도 가만히 보면 악마惡魔가 보인다. 혐오스럽고 건방지고 사납고 무서운 '사냥개 같은 얼굴 표정'에 두려움마저 느껴진다.

따라서 감각적으로 한눈에 들어오는 전체적인 상의 느낌이 가장 중요하다. 누구나 화나면 얼굴이 붉어지고 눈매도 매서워지지만, 대화를 할 때 평소에 잘 보지 못한 무서운 눈빛이 보인다거나 얼굴 전체 이미지가 마치 '악마'를 연상케 하는 사람이 있다. 순간적으로 드러나는 표정 속에서 그 악질의 진면모를 볼 수 있다. 그들은 시기와 질투로 가득하고, 남을 밟고 일어서야 한다는 강박관념과 피해망상으로 얼룩진 천민 근성의 소유자들이다. 재밌는 점은 그렇게 살아도 제 딴엔 선인으로 기억되길 바란다는 것이다.

이런 인생의 종착역은 항상 비루하고 천하다. 악질의 영향을 가장 많이 받으면서 살아온 가족과 지인들은 운을 깎아 먹는 사람을 가까이 둔 과오로 자신의 운을 펼 기회조차 갖지 못한 채 한순간 고꾸라진다. 이런 자는 가까이 두지 말고, 주변에 소개하지도 말아야 한다.

제 7의 감각

10 위선자는 평생
알게 모르게 피해를 준다

> **얼**핏 보면 허우대 좋고 멀쩡하게 생긴 사람이 예의 바르고 성실해 보인다. 지나가다 마주치면 정겹게 인사하는 좋은 사람으로만 보인다. 하지만 그 뒤를 보면 구려도 그렇게 구릴 수 없는 비루함으로 가득 차 있다. 출세와 이익을 위해 가까운 동료나 선후배를 배신하고 가장 윗선의 라인을 잡는 데만 급급하다. 업무와 무관한 온갖 소문까지 보고하는 데 여념 없다. 이를 윗사람에 대한 충성이라 착각한다.

후배들에 대한 관심은 애초에 없으니 사람에 대한 애정과 통찰력도 있을 리 만무하다. 언제나 아래 직원은 무시하고 윗사람에게만 사력을 다한다. 대화도 윗사람에게만 집중하고 윗사람이 하는 말에 숟가락을 얹어 교묘하게 맞장구친다. 그러면서 돌아서서 성실하고 착한 사람 코스프레를 하니 역겹기 그지없다. 자신의 출세에만 급급하여 다른 사람의 처지는 아랑곳하지 않는다. 즉, 존재 자체만으로 주변에 피해를 주고 피곤하게 만드는 타입이다. 덩치만 크지 하는 짓은 조무래기 같다.

이런 거짓이 몸과 마음 전체에 내면화된 타입은 한순간 관상으로 알아차리기 어렵다. 코가 구부러져 있거나 좌우 눈 크기가 심하게 다르거나 좌우 균형이나 조화가 좋지 않은 사람은 거짓말에 능하고, 눈이 작고 매우 동그란 경우도 믿기 힘든 상이다. 하지만 이런 타입은 천천히 지켜보면서 음성과 말버릇을 통해 파악하는 것이 좋다.

말하기 전에 한숨부터 쉬고, 윗사람과 아랫사람 또는 강자와 약자를 대할 때 태도가 너무 달라 보기에 불편할 정도이며, 인생 초년운을 나타내는 이마가 발달하지 못했다. 또 어려운 환경에서 자라 근본이 되는 마음의 상이 바르지 못해 오직 자신만을 위한 이기심으로 삐뚤어져 있다.

겉으로는 항상 바르고 옳아 보이지만, 그 이면에는 '시궁창' 냄새로 가득 찬 사람이니 조심해야 한다. 이런 부류는 그 이면을 냉철히 파악하지 않으면 알기 어렵다.

제 7의 감각

11 멍청한 사람도 일단 피하고 보자

> **인**생은 어찌 보면 바둑 같다. 상대의 수를 읽고 그것에 대응하는 수를 두는 선택의 연속이다. 그 선택은 태어난 천성, 지혜와 교육으로 만들어진 지성으로 정해진다. 때로 심사숙고할 수 있을 만큼 충분한 시간이 주어지기도 하지만, 빨리 선택해야만 하는 급박한 상황도 많다.

이런 선택의 순간에 멍청함은 그 역할을 톡톡히 한다. 세상에는 멍청한 사람들이 의외로 많다. 거기에 부지런하기까지 하면 정말 답이 없다. 방향 감각 없이 오직 근면함으로 무장된 이들은 결국 노예의 삶에 가까워진다. 그러면서 자신은 부지런하게 살았다며 스스로 위로하고 다독인다. 이런 사람을 가까운 인연으로 두지 않는 것도 성공한 인생에 다가갈 수 있는 길이다.

관상으로 보면 입술이 심하게 두꺼워 입을 다문다고 다물었는데도 벌어져 있는 입을 가진 자가 바보상에 가깝다. 또 눈썹과 눈썹 사이인 미간이 적당히 넓으면 화끈하고 대인 관계도 좋은 길상이지만 지나치게 넓으면 뭐 하나 제대로 마무리할 수 없고 끝이 약해 멍청한 상이다. 이래도 좋고 저래도 좋으니 뭘 해도 제대로 할 수 있는 것이 없다. 딱히 목표도 없고 뭔가 크게 바라지도 않는 타입이다. 또 얼굴 전체적으로 좌우 대칭이 아니거나 균형이 맞지 않는 경우도 멍청한 상이다. 사리 분별이 잘되지 않아 웃지 않을 상황에 웃고 말도 하기 전에 실없이 웃는다.

이런 멍청한 인간들은 교통사고처럼 예고 없이 다가온다. 알게 모르게 피해를 입지만 악의가 있었던 것도 아니라 딱히 뭐라고 탓할 수도 없는 상황으로 흘러간다. 그러면 당신의 소소한 행복들이 조금씩 멀어질 수 있다.

제 7의 감각

12 수술과 시술로 인생이 변한다?!

일반적으로 남자보다 여자가 외모를 더 많이 의식하는 편이다. 얼굴에 흉터가 있는 사람은 아무래도 신경이 많이 쓰이고 콤플렉스로 작용한다. 특히 여자의 경우 그런 외모 콤플렉스가 남자에 비해 훨씬 강하기 때문에 더 큰 영향을 미친다. 남자를 만날 때도 연애가 잘 될 수 있을까라는 고민에서부터 행복한 결혼이 가능할까 하는 생각까지 들 수 있다. 따라서 흉터가 있다면 시술 등을 통해 없애주는 것이 좋다.

혐오스럽게 생겼거나 심한 콤플렉스를 가진 경우에는 마음에도 악영향을 미치기 때문에 어쩔 수 없이 수술이 필요하지만, 사람은 모두 생긴 모습이

다르고 그렇게 생긴 데에는 모두 이유가 있다고 생각하기 때문에 나는 수술을 적극적으로 권하지 않는다. 하지만 간절히 시술을 원한다면 이마와 명궁의 흉터 제거를 권한다. 후천적으로 생긴 흉터라도 좋지 않다.

이마는 남녀 공히 인생 초년운을 보게 되는데 여자에게 이마는 명예와 남편복을 말한다. 따라서 흉터와 기미 없이 깨끗하게 관리하는 것이 중요하다. 눈썹과 눈썹 사이는 명궁이라고 해서 좋은 기운을 받는 자리로 관상을 볼 때 매우 중요하게 여기는 부위이다.

또 얼굴의 역삼각형을 이루는 눈썹과 눈썹 사이인 명궁, 눈썹과 눈, 그리고 코는 시선을 가장 많이 받는 자리다. 그래서 역삼각형 부위가 잘생겼으면 그 외의 부분이 못생겼더라도 미남이나 미인으로 보이고, 이 부위가 비슷하면 서로 닮았다고 인식된다. 즉 관상을 떠나 사람의 인상을 강렬하게 만들고 이미지를 결정짓는 중요한 부위다. 항상 깨끗하고 상처 없이 관리해야 한다.

명궁에 있는 흉터나 세로 주름은 반드시 시술로 보완해야 한다. 이는 파란만장한 인생을 의미하는데, 좋지 않은 상이므로 하루빨리 없애야 한다.

제 7의 감각

13 화이트닝이 아니라 브라이트닝이 운명을 바꾼다

> **남**녀를 떠나 피부 빛깔은 생기를 띠고 있어야 하고 안에서 빛을 발하는 느낌을 주는 것이 좋은 상의 기본이다. 상처가 없어야 하며 기미, 잡티가 없는 상태에서 피부가 밝게 빛나야 한다. 오악이라 불리는 이마, 코, 양쪽 광대, 턱, 이렇게 다섯 군데는 빛을 더욱 발해야 하는데 오광五光, 다섯 군데의 빛이라 표현할 정도로 중요하다.

또 명궁의 찰색얼굴빛이 좋은 동안에는 실패를 피해갈 수 있다. 문제가 발생한다 해도 곧 해결되어 큰 실패로 이어지지 않는다. 운이 살아있기 때문이다.

이 찰색, 즉 얼굴빛은 몇 가지 색으로 나눌 수 있다. 목, 화, 토, 금, 수라는 오행에 기초한 것인데 파랑, 빨강, 노랑, 흰색, 검정색이다. 파랑, 빨강, 흰색, 검정색은 흉색으로 보고, 노랑만 길색으로 본다. 또 노랑계통으로 홍색계열도 좋은 일을 암시하는 길색이다. 특히 윤기 있는 노랑과 홍색이 그렇다.

자신의 얼굴을 유심히 보면 어떤 빛깔이 나타나는지 보일 것이다. 그리고 그 색에 따라 조만간 좋은 일이 일어날지 안 좋은 사고가 일어날지 예측해 볼 수 있다. 이마 중앙과 눈썹과 눈썹 사이인 명궁, 눈썹 주변과 코 색으로 명예나 재물운을 살펴보고 눈 끝 어미와 눈 주변 색을 살펴 연애과 결혼 생활을 알아볼 수 있다.

좌우 눈꼬리 부근의 색이 연홍빛으로 변하면 새로운 이성이 나타날 가능성이 높고, 부부 관계나 연애가 별다른 문제없이 진행되고 있다고 볼 수 있다. 하지만 청색이나 적색 또는 적갈색을 띠면 가까운 미래에 부부 또는 이성 문제가 생겨 이혼이나 이별을 할 가능성이 높다.

이마는 남녀 공히 명예, 직업을 나타내는데 여자의 경우 남편운이 드러난다. 여자의 이마가 흑색을 보이면 남편운이 불길해져 마음의 고통이 올 수 있는 징조이니 주의가 필요하다. 반대로 윤기가 있는 자색紫色을 보이면 남편 일이 잘 풀리게 된다. 남자의 경우 이마가 검은 색을 보이면 실직할 가능성이 높다.

여자들은 흰 얼굴을 선호한다. 물론 귀부인 관상의 조건이지만 그보다 더 중요한 것은 얼굴이 빛나는 것이다. 어떻게 보면 누구나 자신만의 얼굴색이 있는데 이를 인위적으로 하얗게 만드는 것은 자연스럽지 못하다. 그러므로 얼굴색은 자연스럽게 두고 얼굴빛에 더욱 관심을 갖는 것이 필요하다.

얼굴 전체에 윤기가 흐르는 홍황색 빛이 나면 부귀공명은 이미 그 사람에게 와 있다. 눈빛도 그렇지만 얼굴에 빛이 나면 더욱 그러하다. 당신의 운명을 바꾸려거든 '화이트닝을 버리고 브라이트닝에 신경을 써라.'

제 7의 감각

14 관상과 체상으로 보는 남녀 빈천상 貧賤相

빈 貧하다거나 천賤하다는 것은 사람의 격을 말한다. 위엄이나 귀함이 느껴지지 않고 박한 느낌을 준다는 것이다. 그런 관상과 체상을 타고난 경우도 있고 인생이 반영되어 빈천한 느낌이 더해가기도 한다.

말을 함부로 지껄이고 열등감에 사로잡혀 입만 열면 자기 자랑을 하고 남을 욕하고 이간질하면서 이득을 취하려는 자, 남이 안 되는 것을 즐기고 자신의 능력으로 오를 수 없으니 남을 끌어내리면서 이익을 취하려는 자, 부끄러워 해야할 때 부끄러움이 없으며 어떠한 조언에도 귀담아 들지 않는 자, 옆 사람은 곤란을 겪고 있는 데 피식피식 웃으며 딴청 피우는 자, 앞으로 나갈 때와 기다릴 때를 알지 못하는 자, 이 모두 빈천하게 되는 자들의 습관이다. 이렇게 스스로 운(運)을 깎아먹으며 재수 없는 짓을 하는 사람은 점점 몰락하게 된다. 이런 사람이 주변에 있다면 천천히 눈여겨보라. 그 말로가 얼마나 비참한지 알 수 있다. 운(運)이라는 것은 어느 한순간 사고처럼 바로 나타나지 않는다. 서서히 사람의 격을 만들어 가면서 하나씩 하나씩 결과가 나타난다.

빈천상의 남자는 눈빛에 힘이 없고, 음성이 낮고 작으며, 눈이 작고 짧아 두려움이 많다. 기색이 맑지 못하고 탁하여 한눈에 어두워 보이고 정면에서 콧구멍이 보이므로 낭비가 많고 돈 나갈 일이 많다. 머리털이 거칠고 농밀한 사람은 육체적으로 힘들다.

빈천상의 여자는 몸에서 좋지 않은 냄새가 나고 눈에 눈물이 고여 있으며, 눈꼬리가 처져 남편과 이별하기 쉽다. 얼굴이 남자의 상을 한 경우 일복이 많으며 혼자 사는 여자가 많고, 눈에 흰자위가 많은 것도 남편이나 자식과 인연이 약하다. 코가 뾰족하면 복이 없어 한 남편만 섬기기 어렵다.

 **박성준**의 사람보는 **TIP**

손금으로
상대의 운을 읽는다

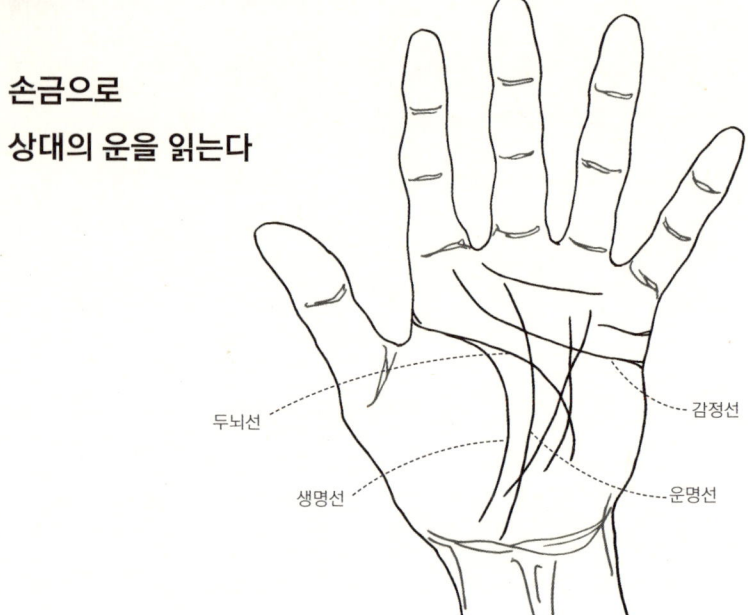

두뇌선
생명선
감정선
운명선

손금은 사람의 지능과 감정, 성향이나 운의 힘 등 다양한 정보를 알려준다. 손바닥을 보면 일단 3대 선으로 불리는 생명선, 지능선, 감정선이 있다.

생명선은 엄지 아래와 검지 아래의 중간에서 시작해서 엄지가 있는 손바닥을 둥글게 감싸는 선으로 생명과 건강운을 나타낸다. 생명선의 길이에 따라 수명의 길고 짧음이나 육체적 에너지의 강약이 달라진다. 그 생명선이 중간에 끊어져 있거나 섬 모양의 문양이 있는 경우 중병이나 암에 걸릴 위험이 있다. 선이 굵고 진하면서 엄지손가락 아래 부분을 크고 둥글게 감싸야 건강하다고 볼 수 있다.

두뇌선은 생명선과 마찬가지로 엄지 아래와 검지 아래 중간에서 시작해서 생명선 위쪽으로 완만한 경사를 이루며 새끼손가락 아래 손바닥으로 이어진다. 지혜와 재물에 대한 성향, 판단력을 주로 보게 되며, 길고 또렷하게 쭉 뻗어 있으면 좋게 보고 짧으면 다소 산만하거나 집중하기 어려운 성향이다. 직감이 발달해 순간적인 판단력이 강하다.

감정선은 새끼손가락 아래 부분에서 시작해서 검지 아래쪽을 향해 완만하게 뻗은 선이다. 감정선은 사람의 감정과 마음, 애정 성향 등을 나타낸다. 감정선의 길이와 방향에 따라 다양한 감정 성향을 파악할 수 있다.

운명선은 손바닥 아래 가운데 부분에서 가운데 손가락 아래까지 뻗어 올라간 선으로 한 사람 운의 성쇠盛衰와 힘을 나타낸다. 이 선의 길이와 방향에 따라 사업 성패, 재난, 역경 등 총체적인 운의 힘을 알아볼 수 있다.

이런 손금 이외에도 이런저런 잔선들을 볼 수 있다. 이 선들은 좌절이나 장애, 병을 나타내기도 하고 성공, 발전, 재물을 의미하기도 한다. 하지만 구체적인 내용이 복잡하기 때문에 주요 3선과 운명선에 대한 내용만 간략히 소개했다. 일단 손금은 또렷하고 끊어지지 않고 잔선이 많지 않아야 좋다. 그와 반대라면 인생의 장해를 나타내므로 좋지 않다. 특히 주요 3대 선의 중간을 끊어내는 잔선이 그렇다.

손금은 변한다. 변한다기보다는 운의 흐름에 따라 안 보이던 선들이 보이기도 하고 뚜렷했던 선들이 희미해지기도 한다. 마음이나 일의 성패에 따라 현재와 미래가 서로 영향을 주고받으면서 변해가므로 가끔 자신의 손금도 유심히 살펴볼 필요가 있다.

SNS로 운명 읽기_2

미팅 전 주고받은 메시지를 살펴라

작년 겨울 한파가 몰아칠 때였다. 한 여성이 사무실을 방문했다. 흰 목도리로 얼굴을 감싼 그녀의 눈빛은 사뭇 비장해보였다. 그러나 나와 눈이 마주치는 순간 발랄한 여대생으로 돌아왔다. 개인적으로 무척 흥미로웠던 '카카오톡' 상담이었다.

그녀는 소개팅 상대와 일정이 안 맞아 만나지는 못하고 카톡만 주고받는 상태였다. 프로필에 서로의 사진을 올려놓았기 때문에 얼굴은 대강 알고 있었다. 남자의 말하는 투나 연락 빈도에 호감이 갔지만, 너무 적극적인 태도에 부담을 느끼고 있었다. 대화중 별다른 양해 없이 몇 시간이고 연락이 안 되는 경우도 있었다. 하지만 무엇보다 남자에 대한 불신이 컸다. 이전 남자들에게 받은 상처 때문인지, 남자는 결국 다 똑같다면서 사랑에 회의적인 태도를 보였다.

채팅 내용을 보니 남자가 맥락 없이 너무 적극적인 태도를 보여, 그냥 무작정 덤비는 수컷 같았다. 배려나 책임감은 고사하고, 어떻게든 그녀를 자기 여자로 만들겠다는 집념과 집착만 느껴졌다. 나는 궁합 볼 필요도 없이 만일 당신이 여동생이라면 무조

144

건 말리겠다고 말했다. 이렇게 대화 내용을 보면 두 사람의 관계나 감정을 쉽게 파악할 수 있다. 여기 몇 가지 팁이 더 있다.

상대의 응답 속도에 주목하라. 빠르게 답하면 관심이 있고 느리게 답하면 호감이 없다는 식의 이야기가 아니다. 얼마나 일관성 있는지를 봐야 한다. 대화의 리듬은 사람마다 일정하기 마련인데, 갑자기 격한 반응을 보이거나 과장된 표현을 한다면 이는 부정적인 신호다. 사람은 거짓말할 때 목소리 톤이 올라간다. 자신의 감정을 숨기는 것이다. 서로 어색한 두 사람이 모임에서 짐짓 큰소리로 인사를 주고받았다면 이는 거짓이다. 진심이 없는 어색한 리듬이다.

봄에서 여름으로, 여름에서 가을로, 계절의 변화를 보라. 자연은 갑자기 변하지 않는다. 감정도 마찬가지다. 상대의 리듬이 갑자기 변한다면, 혹시 부정적인 감정을 숨기고 있는 건 아닌지 의심해 봐야 한다.

제 7의 감각
PART 3

관리능력이 있는 남자가
제대로 된 여자를 만난다

장소에도 격이 있다

소속되기 싫어하는 여자에겐
남자가 없다

궁합으로
어떤 관계가 될지 예측한다

이름과 집

이름, 생일, 사는 곳이 곧 그 사람이다

공간을 보면
그 사람을 알 수 있다

이름과 집

이름, 생일, 사는 곳이 곧 그 사람이다

제 7의 감각

1 이름과 본질

> **김**춘수의 시 〈꽃〉을 기억하는가? 하나의 무의미한 존재인 너는, 내가 바라보고 인식해서 이름을 불러주었을 때 비로소 의미 있는 존재가 되고, 그렇게 불린 너 또한 너의 본질에 가장 가까이 갈 수 있다. 그리고 나 또한 누군가에게 의미 있는 존재가 되고 싶다.

이렇게 사람의 이름은 물론이고 눈에 보이는 꽃과 건물, 물건에서부터 눈에 보이지 않는 개념, 이미지까지 우리는 이름을 붙이고 의미를 부여한다. 이름은 중요하다. 정장을 입었을 때와 캐주얼을 입었을 때 행동이나 말투가 달라지듯이, 누군가에게 이름을 말했을 때와 말하지 않

이름과 집
이름, 생일, 사는 곳이 곧 그 사람이다

앉을 때 행동이 달라진다. 이름을 말하면 그 순간부터 자신의 말과 행동에 책임을 다해야 한다. 그래서 부끄럽거나 민망한 자리에서는 이름을 말하지 않거나 다른 이름으로 둘러대기도 한다. 이름은 그 사람에게 본질이자 명예이기 때문이다.

또 요즘 같은 시대에 이름은 그 사람이 평생 지니고 다녀야 할 브랜드적 가치도 있다. 음양오행의 보완적 측면에서 인생의 운을 바꾸는 것까지 생각하지 않아도, 이름이 자아내는 느낌은 운과 다른 형태로 인생에 관여한다.

한 아버지는 아라비안나이트에 등장하는 알라딘을 너무도 좋아한 나머지 자기 아들의 이름을 '알라딘'으로 지었다. 자신의 성이 김金씨이니 아들의 이름은 당연히 '김알라딘'이 되었다. 아이가 어렸을 때는 별다른 문제가 없었지만, 초등학교에 들어가자 상황이 바뀌었다. '김알라딘'이라는 이름 때문에 학교에서 거의 매일같이 놀림 받던 아이는 마음속에 깊은 상처를 받았고, 급기야 한 달이 넘게 울고 떼쓰며 학교에 가지 않았다. 아버지도 어쩔 도리가 없었다. 장난삼아 지은 이름은 아니었지만 이름을 '알라딘'으로 지은 결과는 좋지 않았다.

이름은 '나'의 눈에 보이지 않는 성향과 성격, 존재에 의미를 부여한다. 직책이 직무에 적합한 사람을 만들어 가듯이, '나'라는 사람도 그 이름에 걸맞게 완성되어 간다. 강한 느낌의 이름, 부드러운 느낌의 이름 등 다양한 느낌의 이름이 있다. 그 이름의 느낌에 의해 자신의 인상이 정해지기도 한다. 이렇게 다양한 이름으로 불리면서 사람들은 저마다 이름값을 하기 위해 부단히 노력하면서 살아간다.

제 7의 감각

2 생년월일시를 보면 그 사람의 성향이 보인다

> **내**사주는 어떻다는 둥, 팔자가 세다는 둥의 이야기를 주변에서 많이 들어봤을 것이다. 사주팔자는 쉽게 말해 운명이다. 생년, 생월, 생일, 생시에 따라 그 사람의 태생적 기운이 만들어지고 그 성향과 운에 의해 빈부귀천이 정해진다.

즉 생년월일시를 알면 자신이 사주에서 어떤 성향을 지니고 있는지 파악할 수 있다는 얘기다. 자신의 성향을 알게 되면 다른 사람을 볼 때도 '이 사람은 이런 성향이 있구나' 또는 '이 사람은 저런 성향이 있구나' 같은 판단과 이해의 폭도 넓어질 테니, 인간관계에서 생겨나는 괜한 스트레스나 피곤함도 조금 줄일 수 있지 않을까 싶다.

사주학에서 말하는 성향은 크게 10가지다. 사주팔자에서 '팔자八字'란 8개의 글자를 말하고, 그 중에서 자기 자신을 뜻하는 글자가 하나 있으니 결국 '칠자七字', 즉 7개의 글자가 남는다. 따라서 성향 10가지를 모두 가진 사람은 없다. 1~2가지 성향이 강하게 드러나거나 그보다 성향이 많아지면 조금 복잡한 성격이다.

사주학적 성향은 자존심, 경쟁과 승부욕, 연구와 분석, 사교성과 표현력, 관리와 통제 능력, 꼼꼼함, 희생과 참을성, 합리성과 명예욕, 의심, 직관력과 정情의 10가지로 크게 나뉜다. 이 10가지 성향의 유무와 결합, 강약에 따라 한 사람의 성격이 정해지고, 이 성격에 의해 크게는 직업, 작게는 오늘 뭘 먹을지 같은 여러 가지 선택을 내린다. 이런 선택이 계속 쌓이면 그것이 인생이 된다.

다음 10개의 성향표에서 한 박스에 5개 이상 체크했다면 그 성향은 당신에게 해당되는 것으로 볼 수 있다. 한번 자신에 대해 알아가는 시간을 가져 보자. 각 성향에 대한 조언도 하겠다.

1. 자존심

심리구조	체크
자기애가 크다	
자존심이 강하다	
독립적이다	
자기 위주로 생각한다	
자아가 강하다	
자기 방식이 옳다고 믿는다	
자신에게 이익이 되는 일에 관심이 많다	
독선적이다	
고집이 세다	
주체적이다	

2. 경쟁과 승부욕

심리구조	체크
지고는 못 산다	
집념이 강하다	
남의 시선에 의한 자기 만족감이 강하다	
고독하다	
도전의식이 강하다	
단지 지지 않기 위해 무모한 일을 하기도 한다	
승부욕이 강하다	
남의 시선에 의해 좌절감도 크다	
한번 자존심에 상처를 받으면 쉽게 회복이 안 된다	
자기만족이 강하다	

3. 연구와 분석

심리구조	체크
하나에 빠지면 끝장을 본다	
파고들고 분석하는 데는 자신이 있다	
일단 깊이 생각하고 나서 행동한다	
하나에 빠지면 주변이 잘 보이지 않을 정도로 몰입한다	
조용히 자기 일을 해낸다	
사회성이나 융통성이 부족하다	
자기의 길을 묵묵하게 가는 면이 강하다	
원리 원칙적이다	
일 중심적이고 정치적이지 못하다	
통찰력이 부족하다	

4. 사교성과 표현력

심리구조	체크
감정표현을 잘한다	
의사표현을 잘한다	
임기응변이 뛰어나다	
사교적이고 사람 만나는 것을 좋아한다	
승부사 기질이 있다	
변덕스럽다	
깊이 생각하기보다는 충동적이다	
실속이 없다	
과시적인 면이 있다	
총명하다	

5. 관리와 통제능력

심리구조	체크
공간지각 능력이 뛰어나다	
손재주가 있다	
박학다식하다	
활동적이다	
부드러운 면이 있다	
경제관념은 있으나 큰돈에 대한 생각이 많아 작은 돈에는 관심이 없다	
낭비벽이 있다	
일확천금을 꿈꾼다	
풍류를 즐긴다	
체면을 차리지 않는다	

6. 꼼꼼함

심리구조	체크
계산이 빠르고 치밀하다	
맛집을 좋아한다	
돈에 대한 감각이 탁월하다	
알뜰하다	
안정감이 있다	
돈 욕심이 많으며 작은 돈에도 관심이 많다	
자신의 몸이나 건강에 관심이 많다	
현실적인 면이 강하고 인색하다	
집착이 있다	
감정이 예민하고 확실한 것을 좋아한다	

7. 희생과 참을성

심리구조	체크
봉사와 희생정신이 있다	
잘 참는다	
자기 관리를 엄격하게 잘 하는 편이다	
솔선수범한다	
솔직하다	
주변상황 때문에 이것저것 참는 경우가 많다	
하도 참아서 내면에 스트레스가 많다	
반항적, 투쟁적이다	
고집이 세다	
성급하다	

8. 합리성과 명예욕

심리구조	체크
합리적이다	
준법정신이 강하다	
명예욕이 크다	
잘 순종하는 편이다	
정직하다	
온화하다	
대의명분을 위해 작은 것은 희생할 수 있다	
우유부단하다	
박력과 추진력이 부족하다	
환경에 순응적이다	

9. 의심

심리구조	체크
낭만적이다	
파격적이다	
창조적이다	
직관이 발달했다	
솔직하다	
신비한 것에 대한 관심이 많다	
의심이 많다	
인간관계가 폐쇄적이다	
체계적이지 못하다	
날카롭다	

10. 직관력과 정(情)

심리구조	체크
순수하다	
남의 말을 잘 믿는다	
점잖다	
정이 많다	
감수성이 풍부하다	
감성이 발달했다	
로맨틱하다	
보수적이다	
생각과 걱정이 많다	
모험을 즐기지 않는다	

앞 10가지 성향 중 자신의 성향이 무엇인지 알게 되었다면 이제 그에 맞는 조언을 하고자 하니 참고 바란다. 자기 내면에 대한 이해가 깊어지면 누군가를 만났을 때 그 사람을 더 쉽게 이해할 수 있다. 게다가 자기 위안을 통해 보다 긍정적으로 살아갈 수 있는 힘도 얻을 수 있다.

1. '자존심' 성향

고집 세고 자존심이 강해 원하는 일을 해야만 만족하고, 인간관계에서 스트레스를 받기 쉽다. 지금 어떤 일을 하고 있든 그 분야에서 독보적인 위치에 올라설 수 있도록 장기적으로 준비하는 것이 좋다. 무엇보다 하고 싶은 일을 했을 때 다른 사람에 비해 성과도 빨리 나오고 만족감도 크다. 이성을 만날 때 권위적이거나 자기주장이 강하므로 주도권을 쥐려는 상대는 만나지 않는 것이 좋다.

2. '경쟁과 승부욕' 성향

경쟁에서 누구보다 스트레스를 많이 받는 기질을 갖고 태어났다. 지는 것을 싫어해서 상황이 좋지 않게 흘러갈 때 역전을 꾀하려다 크게 실패하는 경우가 있으니 주의해야 한다. 무엇보다 성공의 경험이 중요하다. 작거나 큰 성공의 경험이 자신을 더 강하게 만든다. 그렇게 자신감을 갖고 미래의 자신에 대한 이미지를 만들어 가면 좋은 결과가 있

을 수 있다. 다만 다른 사람의 시선을 지나치게 의식하여 행복을 느끼
거나 크게 좌절하는 경우도 있으므로, 타인의 시선에서 조금이라도 벗
어나야 한다. 공부를 해도 도서관에서 불특정 다수와 경쟁해야 성적이
더 잘 나오는 스타일이다. 이성을 만날 때는 상대에게 조금 더 관심을
갖고 따뜻하게 대해 주어야 한다.

3. '연구와 분석' 성향

하나를 파기 시작하면 누가 말려도 반드시 끝장을 보고 마는 성격이
다. 집중도와 몰입도가 강해서 주변을 돌볼 여력이 없다. 연구원, 기
자 등 분석하고 캐내는 일에 두각을 나타낼 수 있다. 그러나 보통 인간
관계에서 정감 없이 따지고 파고들면 자칫 팍팍한 사람이라는 평가를
들을 수 있으니 주의해야 한다. 인간관계를 일의 잣대로 분석하려고
한다면 주변에 사람이 거의 남지 않게 될 수 있다. 물론 주변에 사람을
많이 두거나 적게 두고 사는 것은 개인의 취향일 수 있지만, 그런 개
인적인 성향이 적어도 주변에 불편함을 주는 일은 없어야겠다. 이성을
만날 때도 너무 지나치게 몰아붙이거나 따지지 말고 때로는 그냥 넘어
갈 줄도 알아야 사랑을 키울 수 있다.

4. '사교성과 표현력' 성향

사람 만나는 게 즐겁고 주변에 사람이 많으며 인간관계도 제법 융통성이 있어 스트레스를 많이 받는 편이 아니다. 애교도 있는 편이라 연애도 잘할 수 있다. 굳이 함께 어디를 가거나 하지 않아도, 집 앞에서 차 한 잔 마시면서 이야기만 나눠도 즐겁고 유쾌해지는 타입이다. 즉흥적인 면이 있어 임기응변에 강하지만 분위기에 빠져 충동적이 될 수 있으니 주의해야 한다. 여기에 코가 길거나 크지 않고 다소 짧은 듯 작다면 사람을 많이 만나는 일에서 성공할 수 있다.

5. '관리와 통제능력' 성향

관리와 통제능력이 뛰어나고 공간지각 능력도 좋은 편이며 여행을 갈 때 짐을 정리하는 것도 잘한다. 일목요연하게 정리, 구분하고 일을 통제하는 데 발군의 실력을 발휘한다. 적재적소에 사람이나 물건을 배치하고 일이 돌아가게 하는 능력이 있다. 경제관념이 아예 없는 편은 아니나 푼돈에 관심이 없고 일확천금에 대한 열망이 커 직장인 월급으로는 만족하기 어렵다. 새로운 일에 대한 도전으로 큰돈을 벌려는 욕구가 강하다. 만나는 이성에게 이것저것 지시하는 스타일이 되기 쉬워 다소 잡혀 살 만한 상대가 좋다.

6. '꼼꼼함' 성향

이재理財에 밝아 경제관념이 확실하여 돈의 흐름을 꿰차고 있다. 간혹 인색하다는 소리를 듣는다. 일단 일을 시작하면 끝까지 가서 성과를 내는 야무진 면이 있다. 치밀하고 분명한 것에 대한 집착이 있기 때문에 남녀 관계에서 상대를 답답하게 만들 소지가 있다. 하지만 일단 자기가 만나는 상대에게 열과 성의를 다한다. 현금을 만지는 업무나 보수적인 행정 업무도 잘 맞는다.

7. '희생과 참을성' 성향

참고 인내하며 버티는 데는 일가견一家見이 있다. 겉에서 보면 착하고 온순한 사람, 좋은 사람으로 보이지만 그 이면을 조금 더 들여다보면 속은 썩어가고 있다. 자신의 굴레를 벗어 던지고 좀 더 자유롭게 하고 싶은 말을 하고 살아야 한다. 남의 눈치를 보고 처지를 배려하고 체면을 세워주다가 정작 자신은 기진맥진해 모든 기력이 쇠한다. 일단 내가 살고 남을 배려할 일이다. 주어진 일이라면 어떤 역경과 고난도 참아낼 수 있는 근성이 있다. 인내심이 도가 지나치게 강해 오히려 병인 모양새다.

8. '합리성과 명예욕' 성향

남의 눈에 내가 어떻게 비치는지 관심이 많다. 성공이나 행복을 남의 기준에 맞추려는 욕구가 강하다. 명예욕이 강해 고위 공무원이나 경찰, 군인 등 대의명분을 중요하게 생각하는 조직에서 관록이 붙기 쉽다. 대기업에서 임원이 되기 위해 다른 모든 것을 포기하고 매진할 수 있는 타입이 이에 해당된다. 한편으로 합리적이기 때문에 무모한 짓은 하지 않는다. 남의 눈을 지나치게 의식하기도 하지만, 상황에 맞춰 자신을 바꿀 수 있는 장점을 지녔다.

9. '의심' 성향

눈에 보이지 않는 신비로운 것에 관심이 많고, 의심도 많아 뭐든 부정적으로 받아들이는 경향이 있다. 의심하고 또 의심하고 그래도 모자라 다시 확인해 보는 성향이다. 이 '의심' 성향이 6번의 '꼼꼼함' 성향과 만나게 되면, 한번 걸리면 상대를 숨도 못 쉬는 지경으로 만드는 사람이 될 수 있다. 자신이 스스로 납득할 때까지, 확실한 답이 나올 때까지 의심에 의심을 거듭할 테니 말이다. 이런 면 때문에 인간관계는 다소 좁을 가능성이 높다. 체계적인 분석보다 느낌이나 직관을 믿는 편이다. 직관이 발달했다고 해도 이를 전적으로 믿는 건 위험하니 항상 주의해야 한다.

10. '직관력과 정情' 성향

정情이 많고 직관이 발달하여, 논리보다는 마음이 가는 대로 했을 때 정답일 확률이 높다. 하지만 남의 말을 순순히 받아들이고 믿기 때문에 사기를 당하거나 속기 쉬우므로 주의가 필요하다. 따뜻함이 있어 기본적으로 사람에 대한 애정과 사랑이 가득하고, 다른 사람의 처지에 쉽게 공감하여 애처로움을 자주 느낀다. 따라서 만나는 이성에게 따뜻하게 대하고 이벤트를 즐기는 로맨티스트 기질이 다분하다. 하지만 지난 과거에 대한 생각 등으로 항상 머릿속이 복잡하고, 앞으로 닥칠 일에 대한 걱정과 고민도 많은 편이다. 진취적이고 진보적인 일보다는 다소 보수적인 성향의 일이 맞는다고 할 수 있다.

제 7의 감각

3 음양의 조화가 운을 트이게 한다

누구나 끼니때가 되면 밥이나 간식을 먹는다. 공복에서 벗어나기를 원하는 신체의 요구에 자연스럽게 응한다. 음식 맛이 있건 없건 간에 일단 배를 채워 공복을 잊게 되면 식욕은 온데간데없이 사라지게 되고 만족감이 든다. 거기서 조금 더 먹거나 평소보다 많이 먹어 배가 빵빵하게 부른 상태가 되면 오히려 불쾌한 기분마저 든다. 그러면 우리는 산책을 하거나 움직여서 몸의 균형을 맞추려고 한다.

만족을 위해서는 적당한 포만감이 필요하다. 한쪽으로 쏠리게 되면 균형이 깨져 초조하거나 답답하고 결국 기분도 나빠진다. 신체는 적당한 포만감, 즉 균형을 유지하는 조절기능을 이미 갖추고 있다. 한쪽에 치우치지 않는 음과 양의 조화, 곧 중화다. 매우 배가 고픈 상태인 음$^-$도 불편하고, 배가 불러 불쾌감마저 드는 상태인 양$^+$도 불편하기에 안정되고 편안한 상태를 찾아 중화되는 것이다.

이렇게 마이너스$^-$ 기운과 플러스$^+$ 기운이라고 할 수 있는 음양과 오행을 그 근본원리로 하는 학문이 사주학이다. 사주팔자^{四柱八字}란, 말 그대로 네^{四} 개의 기둥과 여덟^{八} 개의 글자다. 생년, 생월, 생일, 생시의 네 가지 큰 틀이 한 인간의 빈부귀천을 결정한다고 해서 사주^{四柱}이고, 그 각각의 틀이 두 개씩 글자를 가지고 있어 합이 여덟 글자로 팔자^{八字}이다.

그리고 그 여덟 개의 글자는 각각 오행 중 하나의 의미를 가진다. 여기서 오행이라는 것은 목, 화, 토, 금, 수로 세상을 구성하는 나무, 불, 흙, 바위$^{또는 쇠}$, 물을 의미한다. 이 오행은 음과 양을 만나서 음의 목, 양의 목, 음의 화, 양의 화, 음의 토, 양의 토, 음의 금, 양의 금, 음의 수, 양의 수 이렇게 10가지로 나뉜다. 이 10개의 오행이 8개의 글자, 즉 팔자에 하나씩 들어가게 되고, 그 중심이 되는 자기 자신의 오행은 태어난 날에 의해 결정이 된다. 아래는 팔자의 예다.

여덟 개의 글자, 팔자八字의 예

기둥 4	기둥 3	기둥 2	기둥 1
생시	생일	생월	생년
목 (나무)	토 (흙) 자기 자신	화 (불)	수 (물)
토 (흙)	수 (물)	토 (흙)	토 (흙)

위와 같은 사주팔자를 타고난 사람이 있다면 자기 자신의 자리는 '토土'가 된다. 단편적으로 자기 자신의 '토土'는 제외하고 목나무이 1개, 화불가 1개, 수물가 2개, 토土가 3개가 된다. 자기 자신의 '토土'와 합해서 도합 8개의 오행이 생기는 것이다. 사주를 볼 때 생년월일시에 따라 60갑자를 적고, 그것을 다시 음과 양의 오행으로 구분하고, 대운이라고 해서 10년마다 바뀌는 큰 운의 환경은 여기에 포함시키지 않았다.

이 사람의 사주팔자는 특정 오행인 토土에 쏠려 있음을 알게 된다. 화불라는 것도 결국 토土로 되는 오행이므로 토土의 기운이 아주 강해지는 모양새가 된다. 그리고 금바위, 쇠의 기운은 없다는 것도 알게 된다.

이렇게 한 사람의 사주를 뽑아놓으면 오행이 어느 한쪽으로 편중되어 있기 쉽다. 하나의 오행이 특히 강하면 앞서 말한 지나친 배고픔과 배부름처럼 좋지 않다. 이럴 때는 중화되어야 한다. 그리고 그 중화가 잘되는 시기를 기다리는 것이 바로 운이다.

'목마른 사람'이 물을 마셔 어느 정도 갈증이 해소되었다면 이는 중화가 된 것이고 운이 좋은 것이다. 체력이 떨어져 단 음식이 당기는 사람이 초콜릿 한 조각을 먹으면 기분이 좋아지고 초조했던 마음이 안정된다. 떨어진 체력이 초콜릿으로 중화되어 안정을 찾게 되고, 이 초콜릿은 그에게 좋은 운인 것이다.

식욕이 넘친 나머지 과식을 해서 배가 더부룩하다면 이는 지나친 '양의 기운'이다. 시간이 지나서 소화가 되고 가벼운 산책으로 배가 꺼지면서 편안해졌다면 이 기운이 중화된 것이고, 시간과 산책은 이 사람에게 좋은 운이다.

즉 현재 자신의 오행이 어느 한쪽에 편중되어 있으면 눌러서 그 힘을 약하게 만들거나 기운을 빼서 균형을 맞춰야 하는데, 이런 균형을 이루는 오행이 들어오면 운이 좋다고 말할 수 있다. 마찬가지로 자신이 태어난 오행의 기운이 약하면 배고픈 상태와 같기 때문에 자신의 오행을 도와주는, 즉 생하는 운이 들어와야 좋다.

표에서는 토^{土}의 기운이 너무 강하여 목$^나무$으로 눌러줘야 한다. 나무목는 땅^{土}에 뿌리는 내리면서 극하는 성질이기 때문이다. 땅^{土}의 입장에서는 나무^{목}에게 극을 당하는 것이다. 나무^{목}가 필요하니 자연적으로 물^{수}이 나무가 잘 자랄 수 있도록 충분하면 더 좋은 환경이 될 수 있다. 따라서 이 사주에는 나무^{목}와 물^{수}이 절실히 필요하고, 10년마다 바뀌는 대운이나 매년 바뀌는 운에서 나무^{목}와 물^{수}이 들어오면 일이 잘 풀리거나 큰돈을 만지게 되거나 좋은 짝을 만날 수 있다.

반대로 '몇 끼나 굶은 사람$^-$'에게 물 한 모금도 주지 않고 음식도 먹지 못하게 하면 결국 중화되지 못하고 더 극한 음으로 가게 되니 견디기 어렵다. 운이 없는 것이다. 또 이미 '터질 것 같이 배가 부른 사람$^+$'에게 억지로 음식을 먹이면 그 더부룩한 배는 점점 더 빵빵해지면서 불쾌하고 답답한 기분을 느낄 것이다. 이 또한 견디기 어렵다. 마찬가지로 운이 없는 것이다.

겨울에 태어난 불^{화}은 안 그래도 겨울이라 추운데 주변에 땔감으로 쓸

나무^{목}도 없고 의지할 불^{화}도 없어 답답하기 그지없다. 몸을 녹일 수 없다. 이럴 때는 운에서 나무^{목}와 불^{화}이 들어와야 일이 잘 풀린다.

이렇게까지 이야기하는 이유는 사주도 특정 한두 개의 오행에 쏠려있는 경우가 많고 전체 균형을 맞추는 것이 중요하며, '이런 식으로 균형이 맞을 때 운이 좋다'는 것을 보여주기 위해서다. 모든 것에는 균형과 조화가 중요하다. 사주의 균형은 음양오행의 조화이며 이는 어디에나 해당된다.

4 관리능력이 있는 남자가 제대로 된 여자를 만난다

제 7의 감각

> **사**람마다 특성이 있다. 어떤 사람은 아이디어는 많지만 소심해서 뭐든 시작하지 못한다. 이런 사람들은 발전이 없다.

반면, 어떤 사람은 일단 일을 벌이고 본다. 하나만 벌이는 게 아니라 이것저것 하면서 동시에 여러 가지 일들을 같이 진행한다. 하지만 이내 그만두고 만다. 작심삼일, 매번 시작만 하고 끝을 보지 못한다. 어떤 사람은 시킨 일이나 주어진 일은 어떻게든 잘 해내지만 주체적이고 능동적으로 일을 처리하는 데는 서툴다.

이런 성향을 가만히 살펴보면, 이성異性에 대한 태도나 운도 알 수 있다. 사주학에는 재財라는 개념이 있다. 사주팔자에서 8개의 글자인 팔자八字 중 자신이 태어난 날의 오행이 다른 7개의 글자인 칠자七字, 일곱개의 글자이므로 칠자七字라고 해 두겠다와 어떤 관계인지 따져 보면 이 재財라는 것이 사람마다 있기도 하고 없기도 하다.

재財는 내가 극하는 오행을 말하는데, 이를테면 자신이 태어난 날의 오행이 목木, 화火, 토土, 금金, 수水 중 수水라고 한다면 수水인 물이 끄는, 즉 극하는 오행은 화火이므로 이 사주의 경우 화火가 곧 재財다.

이런 식으로 목木은 땅에 뿌리를 내려 극하니 목木에게 재財는 토土이고, 화火는 쇠를 녹여서 극하니 화火에게 재財는 금金이고, 토土는 물길을 막아 극하니 토土에게 재財는 수水이며, 금金은 도끼가 나무를 찍어 극하니 금金에게 재財는 목木이 된다.

이런 재財의 개념은 남자에겐 여자를 의미하고 남녀 공히 돈이나 무언가를 관리하고 마무리하는 능력을 말하기도 한다. 따라서 남자에게 재財란 돈과 여자, 무언가를 관리, 통제하고 끝까지 해내는 힘이라고 할 수 있다.

남자가 사업에 성공하여 돈을 많이 벌 때는 연애도 잘되고, 연애 중에 또 다른 여자가 관심을 보이기도 한다. 반대로 남자가 퇴직을 당하거나 사업이 망해서 돈이 쪼들리게 되면 새로운 여자는커녕 있던 여자도 도망가기 십상이다.

이럴 때 여자가 남자를 돈만 보고 사귀었다는 둥, 사업이 망하니까 뒤도 안 돌아보고 떠났다는 둥 여자 탓만 하기 쉽지만, 어떤 면에서는 꼭 여자만 비난받을 일도 아니다.

재물는 남자에게 돈, 여자와 같은 개념이기 때문이다. 들어올 때 같이 들어오고 나갈 때 같이 나가는 경우가 대부분이다. 그러니까 여자가 돈을 잘 버는 남자에게 다가가고 빈털터리가 된 남자를 떠나는 건 돈에 환장해서가 아니라는 얘기다. 재물와 함께 여자도 같이 들어오고 나간 것뿐이다.

돈과 여자가 같은 개념이므로, 돈을 어떻게 벌고 관리하는지를 보면 이 남자가 여자를 어떻게 다루고 어떤 관점에서 바라보는지도 알 수 있다. 돈을 다루는 태도는 여자를 어떻게 생각하고 보는지 알려 주는 신호다.

남자의 지갑을 살펴보면 돈을 오만 원권, 만 원권 등 금액 별로 앞뒤로 정리해 놓고, 영수증 또한 별도로 관리하는 사람이 있다. 일단 갖고 있는 돈을 소중히 다루는 것이다. 이런 사람은 자기 여자에게도 마찬가지다. 여자를 아끼고 잘 보살피면서 가급적 잘해주려고 노력하는 애처가 타입일 확률이 높다. 여자도 돈과 마찬가지로 재쁐이고 소중하니 아끼고 싶어 한다.

지갑을 봐도 그것이 장지갑이든 반지갑이든, 명품 브랜드의 지갑이든 평범한 지갑이든 간에 깨끗하게 잘 관리하는 사람이 있고, 낡아서 너덜너덜한 지갑을 무심히 쓰는 사람이 있다. 심지어 돈을 지갑에 넣지 않고 꾸깃꾸깃 주머니에 아무렇게나 넣고 다니는 사람도 있다.

여자도 돈과 같이 남자에게 재쁐이기 때문에 지갑은 여자가 있는 공간, 즉 집이라고 할 수 있다. 결국 남자의 지갑은 집에 대한 그의 관심과 애정인 셈이다. 자기 형편에 맞는 지갑을 구입하되 그래도 가능한 한 좋은 것을 쓰는 남자는 집에 대한 고민이 많다고 볼 수 있다. 형편이 좋지 못해 좋은 집을 마련해주지 못했다면 미안한 마음이 있을 것이고, 조금 남루한 집이라도 아내를 위해 마련한 만큼 꾸미고 가꾸는 데 관심을 가질 수 있다. 또 언젠가 여유가 생기면 아내에게 번듯한 집을 선물하고 싶은 애틋한 마음도 있을 것이다. 동시에 그것을 목표로 사회의 온갖 쓴맛을 이겨내고 견디면서 자신의 책임을 다하려고 최선을 다하는 남자일 수도 있다. 사랑하는 아내를 위한 공간에 배려와 애착을 갖는 남자다.

여자는 자기 집에 대한 애정이 남자와 다르다. 여자라면 누구나 신혼집에 대한 낭만이 있고, 신혼이 아니어도 하루 종일 생활하는 공간에 관심을 가질 수밖에 없다. 요리와 청소, 독서나 TV 시청, 아이 돌보기 등 가장 많은 시간을 보내는 곳이 바로 집이기 때문이다.

남자는 일하느라 주중 대부분의 시간을 밖에서 보내기 때문에 여자보다 집에 대한 관심이 적다. 그러므로 집에 대한 아내의 생각을 배려해야 하고, 집 가꾸기에도 관심을 가져야 한다. 형편에 따라 해줄 수 없는 것도 있겠지만 꾸준히 관심을 갖고 이해하려고 노력해야 한다. 지갑이 누추하다는 것은 곧 집이 누추하다는 것이고, 아내에게 관심이 없다는 얘기다.

따라서 남자의 지갑과 그 안에 돈이 정리되어 있는 모양새를 보면 이 남자의 여자에 대한 태도나 생각 등을 알 수 있다. 단지 연애 초기에 환심을 사려고 잠깐 잘해주는 것과 길고 긴 결혼 생활은 천지 차이니 잘 살펴보기 바란다.

돈을 주머니에 아무렇게나 구겨 넣고 다니는 사람은 일단 여자를 우습게 여길 확률이 높다. 단지 자기 욕정이나 채우며 대충 만나고 헤어질 가능성이 있으며, 여자에 대한 책임감도 약할 가능성이 높다. 만나면 만나고 헤어지면 헤어지고 별다른 감흥이 없다.

집착이라는 것도 그렇다. 도를 넘어서면 무섭고 진저리나는 것이지만, 적당한 집착은 누군가를 통제하고 관리하는 데 관심이 있다는 뜻이다. 관리하고 통제하는 데 관심이나 능력이 있어야 자기 여자를 만날 수 있다는 재(財)의 개념과 일맥상통한다.

일용직 종사자들의 여자에 대한 생각과 실제 그들의 여자를 가만히 살펴보면 돈과 여자, 즉 재(財)에 대한 깊은 이해가 가능하다. 단지 돈을 많이 벌고 적게 벌고의 문제가 아니다. 막노동의 스트레스와 노곤한 몸을 주막에서 막걸리 한잔으로 위로하는, 돈에 대한 다소 즉흥적인 태도에서 자기 여자에 대한 안정성과 소유, 통제 개념은 있기 어렵다.

들어온 돈이 그날 도로 나가기 때문에 곁에 있는 여자가 안정감을 갖기 어렵고, 마찬가지로 재財도 쉽게 빠져나간다. 특정 직업에 대한 편견이 아니라 돈과 여자, 즉 재財에 대한 태도만 살펴보았을 때 그렇다는 얘기다. 남자의 재財에 대한 생각을 알면 그의 인생관과 가치관, 그리고 삶을 더 깊이 이해할 수 있게 된다.

돈이나 지갑 외에도 이 재財가 있는 남자인지 없는 남자인지 알 수 있는 방법이 있다재가 없는 것을 무재無財라고 한다. 이 재財라는 건 결과나 성과의 개념이기도 하기 때문에, 재財가 있는 사람은 남녀 공히 야무지고 일의 마무리를 잘한다. 또 결단력이 있으므로 결론을 내리는 데 주저함이 없다.

그러니 재財가 없는 남자는 결단력이 없고 결론을 짓는 데 약하거나 죽기 살기로 뭔가를 해도 시간이 오래 걸린다. 또 마무리가 약하고 허술해서 돈 관리를 제대로 못하며 물건도 잘 잃어버린다. 돈을 빌려주거나 투자하면 거의 받지 못한다. 돈에 집착하여 작은 돈은 아끼지만 외려 큰돈이 나가야 할 때 주저하지 않는 면도 있다. 재財가 없으니 개념 없이 돈이나 여자에 집착한다.

하지만 이 재財가 팔자八字에 많으면 조금 다른 상황이 된다. 생활력은 강하지만, 아무리 돈을 벌어도 욕심이 끝이 없어 만족을 모르며 여자 보는 눈도 높고 깐깐하다. 재財는 정재正財와 편재偏財 두 가지 개념으로 나뉜다. 재財가 있다고 해도 그것이 정재正財냐 편재偏財냐에 따라 바람둥이가 될 수도 있고, 돈이 아까워서라도 바람피우는 건 상상 속에서만 가능한 사람이 될 수도 있다.

"개같이 벌어서 정승같이 쓴다"라는 말이 있다. 제 몸은 아무리 천하게 낮추어 일하더라도 번 돈으로 보람 있게 살면 된다는 말이다. 돈을 벌 때는 귀천을 가리지 않고 벌어도, 쓸 때는 값지게 쓴다는 뜻이다. 재財의 개념으로 설명하면 이렇다. 제아무리 못나고 사랑스럽지 않은 여자라도 좋은 남자를 만나 사랑과 아낌을 받으면 행복하게 살 수 있다. 바보를 왕으로 만든 평강공주의 남자 버전을 만난 셈이다.

여자들이여, 남자에게 아낌없는 사랑과 관심을 받고 싶다면 지갑을 선물하라. 그리고 그 지갑을 잘 관리할 수 있도록 도와라. 그렇게 하면 바뀌지 않는 천성이라고 해도 약간의 여지는 만들 수 있으며, 십첩반상의 밥상을 차려주지 않아도 큰 사랑을 받는 여자가 될 수 있다.

제 7의 감각

5 소속되기 싫어하는 여자에겐 남자가 없다

남자에게 여자가 재^財라면, 여자에게 남자는 관^官이다. 이 관^官으로 남자에 대한 여자의 성향을 파악할 수 있다.

사주팔자에서 8개 글자인 팔자^{八字} 중 자신이 태어난 날의 오행이 나머지 7개 글자와 어떤 관계인지를 따져 보면 관^官의 유무를 알 수 있다. 관^官은 나를 극하는 오행을 말하는데, 이를테면 자신이 태어난 날의 오행이 화^火라면 이 불을 꺼서 극하는 오행은 수^水이므로, 수^水가 화^火의 관^官이 된다.

이런 식으로 목木을 내리쳐서 찍는 것은 쇠로 만든 도끼이므로 금金이 목木의 관官이 되고, 토土에 매정하게 뿌리를 내리면서 극하는 것은 나무이므로 목木이 토土의 관官이 되고, 금金을 녹이면서 극하는 것은 불이므로 화火가 금金의 관官이 되고, 수水의 물길을 막아 못 가게 만드는 것은 땅이니 토土가 수水의 관官이 된다.

이런 관官의 개념은 여자에겐 남자를 의미하고 남녀 공히 명예와 합리성, 참고 견디는 힘을 말한다. 그러니 여자에게 있어서 관官이란 명예와 남자, 합리성과 참을성이라고 할 수 있다.

여자가 다른 사람의 눈에 예쁘고 바르며 단정해 보여야 남자가 잘 들어오고 연애도 순조롭게 진행되며, 연애 중에도 다른 남자가 구애를 하는 등 관심을 받는다. 여자는 남들의 시선, 즉 사회적 관점에서 바르게 보여야 일이나 사랑도 풀리는 것이다.

하지만 여자가 남들 입에 오르내리고 구설수에 시달리는 등 안 좋은 평판을 듣게 되면, 남자들은 보통 그런 여자를 자기 여자로 선택하지 않는다. 심하면 만나던 남자도 쉽게 떠나버린다. 여자가 남자에 비해 주변의 평판에 민감하게 반응하고, 말과 행동에 더 조심스러운 것도 이 때문이다. 비록 이를 의식하고 있지 않더라도 무의식중에 그렇게 행동하는 경우가 대부분이다.

여자가 갖은 구설수에 휘말리고 과거사까지 들춰져, 결국 남자가 여자의 곁을 떠나는 경우가 있다. 이때 사람들은 남자가 여자의 본질이나 내면을 보지 못하고 다른 사람 말에 휘둘려 소신이 없다는 둥, 여자를 진심으로 사랑하지 않았다는 둥 남자를 못마땅하게 보곤 하지만 어떤 면에서는 꼭 남자만 비난받을 일도 아니다.

관(冠)은 여자에게 명예, 남자와 같은 개념이기 때문이다. 평판이 좋아 명예를 얻을 때 남자도 들어오고, 명예를 잃으면 남자도 쉽게 떠난다. 그러니까 남자가 사회적으로 비난받을 일을 한 여자를 떠나는 건, 남들의 시선 따위에 신경을 쓰는 소심함이 아니다.

여자가 자기 이미지를 어떻게 만들어 가고 이를 위해 말이나 행동거지를 얼마나 조심하는지 살펴보면, 그 여자가 나중에 함께 살아갈 남자에 대해 어떤 생각을 갖고 있는지 좀 더 이해할 수 있다.

물론 남들 시선 따위는 신경 쓰고 살지 않겠다며 소문은 소문일 뿐, 나만 잘하면 된다고 말하는 여자도 있다. 그런데 그런 여자의 일상을 가만히 살펴보면 소문이 돌 만한 말이나 행동을 하고 있는 경우가 많다. 말에 조심성이 없거나, 비난과 이간질에 능하거나, 남녀 관계에서 기본 매너를 지키지 않거나 비상식적인 행동을 해서 오해를 산다.

이런 여자를 만나면 남자도 곤경에 빠지기 쉽다. 여자에게 명예와 남자는 동일한 개념이기 때문에 여자는 남자를 통해 자신의 명예를 높이려는 욕구를 갖는다. 그럼에도 자신의 이미지나 평판을 제대로 관리하지 못하는 여자는 결국 남자의 명예도 같이 실추시킬 가능성이 높다. 남자 입장에서는 언제 터질지 모르는 시한폭탄을 쥔 채 어찌할 바를 모르고 땀만 삐질삐질 흘리는 모양새다.

지나치게 남의 눈을 의식하고 사는 것은 피곤한 일이고 자신이 주체가 되어야 하는 인생에서 그리 바람직하지 않다. 자신의 삶을 스스로 통제할 수 있어야 긍정적이 되고 행복할 수 있다. 다른 사람들의 시선에 지나치게 의존하거나 이를 의식하면서 사는 것은 갖은 스트레스와 불안, 긴장으로 가득 찬 삶이다.

하지만 마치 '자유로운 영혼'처럼 남의 시선 따위에는 전혀 신경 쓰지 않고 그때그때 자기가 생각하는 행복과 쾌락만을 쫓아 살아간다면 그것도 문제다. 그런 '자유로운 영혼'을 가진 여자를 감당하고 받아들이면서 정상적으로 살아갈 수 있는 남자는 없기 때문이다. 그런 여자를 곁에 두면 보통의 남자는 견디지 못한다. 그렇지 않으면 정상적인 남녀 관계는커녕 주말부부나 일 년에 두세 번 보고 마는 이상한 부부가 되기 쉽다.

관官은 나를 극하는 오행이고 따라서 남자는 여자를 통제하고 관리하는 주체가 된다. 앞서 말한 재財와 상반되는 개념이다. 즉 음양오행의 균형과 조화를 위해 여자는 남자에게 통제, 관리되는 대상인 것이다. 현대사회에서 남녀가 대등하다고 하지만 그것은 남녀가 사회적 관계로 만났을 때의 얘기다. 남자 친구와 여자 친구, 남편과 아내로 만났을 때는 기본적으로 이 관官과 재財의 개념을 벗어나기 어렵다.

그렇기 때문에 사주에 관官이 없는 여자는 남자가 없거나 인연을 맺는 데 시간이 오래 걸린다. 관官이 없는 것을 무관無官이라 한다. 무관無官인 사람은 어디에 소속되거나 통제받는 것을 본능적으로 꺼린다. 심지어 자신이 하고 싶은 대로 진행하다가도 남이 뭐라고 한마디 하면 금세 하기 싫어하는 청개구리 기질도 있다.

이런 '자유로운 영혼'은 통제를 잘 견디지 못하므로 회사와 같은 상명하복의 경직된 조직에 맞지 않다. 따라서 윗사람의 지시와 간섭을 벗어나 독자적으로 일할 수 있는 전문직이나 프리랜서, 자영업 등이 잘 맞는다.

반면에 관官이 많으면 오히려 남자 보는 눈이 높고 까다롭다. 주변에 널린 게 남자니 만날 수 있는 기회도 많다. 그래서 이래저래 따지는 것도 많고 눈도 높아질 수밖에 없는 환경이다.

당신이 여자라면 자신의 성향을 잘 살펴보라. 물론 사주를 보러가서 관官이 있는지 없는지 확인하는 것도 괜찮고, 있다면 강한지 약한지 물어보는 것도 좋다. 하지만 일단 자신이 남의 간섭을 잘 견디지 못하는 성격이라면, 한 남자에 소속되어 통제받는 것을 과연 견딜 수 있을지 생각해 보라.

만약 당신이 남자고 무관無官의 여자를 만난다면 각오를 단단히 해야 한다. 그런 여자는 어디로 튈지 전혀 예측할 수 없기 때문이다. 호불호가 분명하며 즉흥적으로 살 수 있는 여자인 데다 남자에게 의존하지 않는 주체적인 여자. 이런 여자와 연이 닿았거든 몸에서 사리가 나올 정도로 도를 닦는 기분으로 참고 또 참으며 살아야 한다. 그럼에도 이런 여자와 자신의 행복 사이에 공통분모를 찾았다면, 그때는 기꺼이 사랑하라. 그녀도 조금 깊이 들어가 보면 약한 여자일 뿐이다. 다만 조금 다를 뿐이니 이해하고 기다려 주길 바란다.

제 7의 감각

6 궁합으로 어떤 관계가 될지 예측한다

> **궁**합은 남녀의 사주팔자를 바탕으로 배우자로서 서로의 좋고 나쁨을 알아보는 것이다. 궁합(宮合)의 한자는 '집 궁(宮)'에 '합할 합(合)'으로 집안과 집안의 만남이라는 의미를 담고 있다.

궁합하면 겉궁합과 속궁합에 대한 이야기를 많이 하는데, 겉궁합은 자신과 상대방의 '띠'만 갖고 보는 궁합이라고 보면 된다. 그러니까 "4살 차이는 궁합도 안 본다"는 말은 겉궁합에서 나온 말이다. 그리고 보통 '남녀의 성적인 어울림'이란 의미로 쓰지만, 생년월일시로 전체 사주를 보고 그 조화와 심리를 살펴보는 것이 바로 속궁합이다.

특히 결혼 전 남녀에게 궁합은 정말 중요하다. 상대방이 자신의 운과 기를 살려주는지 아닌지 알아야 하기 때문이다. 인간관계에 따라 인생이 바뀌기도 하므로 남녀 관계뿐만 아니라 사업 파트너나 동료, 동성 친구 간에도 궁합은 중요하다.

무엇보다 궁합을 보는 가장 큰 이유는 내 곁에 있는 상대방을 더 깊이 이해하기 위해서다. 이해는 용서의 밑거름이다. 내가 상대를 깊이 이해하고 있다면 오해나 다툼이 있어도 먼저 용서를 구할 수 있고, 때로는 상대에게 큰 힘이 되어줄 수도 있다.

사주팔자로 나눌 수 있는 남편과 아내의 유형이 있다. 우선 남편의 유형 중 첫 번째는 '권위남'이다. 가정에서 권위를 세우고 군림하려는 타입이다. 이런 남자와는 제아무리 노력해도 육아나 청소, 설거지 등의 가사 분담은 기대하기 힘들다.

두 번째는 '애처가'로 아내 자리에 자식이 들어와 있어 아내가 자식처럼 귀엽고 사랑스러워 모든 일상을 아내에게 맞추고 챙겨준다. 극히 이상적인 남자다.

내 짝은 누구?

부인 \ 남편	권위남	애처가	공처가
쥐락펴락 센 녀	×	○	○
'남편은 하늘'녀	○	○	○
잔소리 부인	△	○	△
희생녀	○	○	○
아기녀	×	○	×
오누이	×	○	△

부인 \ 남편	경처가	자식남	오누이
쥐락펴락 센 녀	○	×	×
'남편은 하늘'녀	○	△	○
잔소리 부인	△	△	×
희생녀	○	○	○
아기녀	×	×	×
오누이	△	×	○

세 번째는 '공처가'로 아내를 두려워하고 심지어 공경한다. 가끔 자신의 모습이 초라해서 반항해 보지만, 안되는 걸 알고 그냥 죽어지내는 타입이다.

네 번째로 '공처가'보다 한 수 위인 '경처가'가 있다. 아내가 두렵다 못해 무서워 견디기 힘든 경우다.

다섯 번째는 '자식남'으로 자기가 남편이 아닌 자식인 줄 안다. 아내를 엄마처럼 여기고 따르지만, 남편이 저지르는 모든 사고의 뒷감당은 아내의 몫이므로 고단하다.

마지막으로 여섯 번째는 '오누이'다. 서로의 프라이버시를 존중하면서 편한 친구처럼 지낼 수 있는 관계다.

다음은 부인의 유형이다. 첫 번째로 '쥐락펴락 센 녀'이다. 가정의 경제권 등 모든 권한을 주도적으로 쥐고 흔들지 못하면 직성이 풀리지 않는 타입이다.

두 번째는 '남편은 하늘녀'다. 남편이 잘났건 못났건 왕처럼 모실 수 있는 여자다.

세 번째는 '잔소리 부인'이다. 잔소리하는 아내야 많지만, 그 정도가 지나치면 남자는 피가 마른다.

이름과 집
이름, 생일, 사는 곳이 곧 그 사람이다

네 번째는 '희생녀'다. 남편과 가족들에게 희생하고 한평생 봉사할 수 있는 타입이다.

다섯 번째는 '아기녀'다. 남편자리에 부모가 들어와 있어 남편의 사랑에서 헌신적인 내리사랑을 꿈꾼다. 남편의 사랑이 늘 부족하다고 느끼며 더 많은 관심과 사랑을 요구한다. 결국 남편도 지치기 쉽다.
마지막으로 '오누이'는 남편의 유형과 동일하다.

지금 만나고 있는 상대와 서로 어떤 유형에 속하는지 한번 생각해 보라. 서로를 이해하는 데 큰 도움이 될 것이다.

제 7의 감각

7 공간을 보면
그 사람을 알 수 있다

> **사**람이 사람을 만나면 기를 주고받듯이 사람과 공간도 기를 주고받는다. 일하는 자리만 봐도 그 사람의 성격이 묻어나오는데 집이나 사무실 등 공간 전체를 보면 당연히 더 많은 것을 알 수 있다.

공간이 자신의 성향과 맞으면 누구나 편안함을 느낀다. 심리적 안정감으로 일의 능률이 향상되고, 편안한 기분으로 휴식과 재충전이 된다. 사람은 공간에 개성을 드러내고 싶어 하고, 작게는 장식품에서 크게는 가구에 이르기까지 취향이 반영된 물건으로 자신을 표현하고 싶어 한다. 그리고 그것을 자신의 개성이고 정체성이라고 생각한다.

이름과 집
이름, 생일, 사는 곳이 곧 그 사람이다

그래서 누군가에 대해 더 많이 알고 싶을 때는 그 사람 집에 가보는 것
도 좋은 방법이다. 밖에서 집으로 들어가는 동선을 따라가 보면 그 공
간에서 더 많은 것을 보고 느낄 수 있다. 설령 처음 보는 상대의 집이
라도 통찰력을 갖고 둘러보면 많은 것을 알 수 있다.

깔끔하게 정리된 가구들과 수납을 보면 그 사람의 정갈한 성격을 알
수 있다. 유독 CD가 많고 요즘 보기 힘든 오디오가 있다면 음악에 남
다른 애정이 있는 사람이다. 거기에 음악 취향에 따라 그 사람의 성향
도 더 깊이 이해할 수 있다. 혼자 듣는 걸 즐기는 사람이라면 음악이
외로움을 달래는 수단일 수 있다. 이런 사람은 독립심이 강하고, 고민
이 있을 때 혼자만의 시간이 필요한 사람이다.

냉장고 안을 보면 그 사람이 즐겨 먹는 음식과 생활 습관도 엿볼 수 있
다. 책장에 꽂혀 있는 책을 보면 그 사람의 정서를 이해할 수 있다. 창
가에 꽃이 있다면 여성적인 사람이겠고, 그 꽃이 '리시안셔스'라면 꽃
말인 '변치 않는 사랑'에 대한 동경이 있는 사람이라는 것도 알게 된다.
신발장에 놓인 구두를 보면 그 사람의 패션 취향도 엿볼 수 있다. 전체
적인 공간의 느낌이나 이미지로 그 사람만의 분위기를 느낄 수 있다.
예전에 TV 프로그램에서 집의 내부를 바꿔주는 홈 체인지 프로젝트

를 진행한 적이 있다. 방문한 집의 문제점을 진단한 후, 나의 제안과 거주자의 기본 요구사항을 고려해 적절한 예산 내에서 바꿔주는 인테리어 프로그램이었다. 이 프로그램을 하는 동안 다양한 집을 방문하게 되었는데, 거주자가 외출 중이라 설명 없이 집을 둘러보는 경우도 있었다. 이런 경우 눈에 들어오는 대로 느끼며 문제점을 찾아야 하므로 여느 때와 조금 다르다. 설명이 없기 때문에 보다 객관적으로 판단할 수 있다.

어느 아파트는 집에 들어서자마자 어딘가 휑한 느낌이 들었다. 외딴 흉가에 있는 것처럼 불쾌한 기운이 느껴졌다. 침실에 들어가자 거의 반은 부서져 있는 서랍장의 못이 침대를 향해 있었고, 장롱 문은 열 때

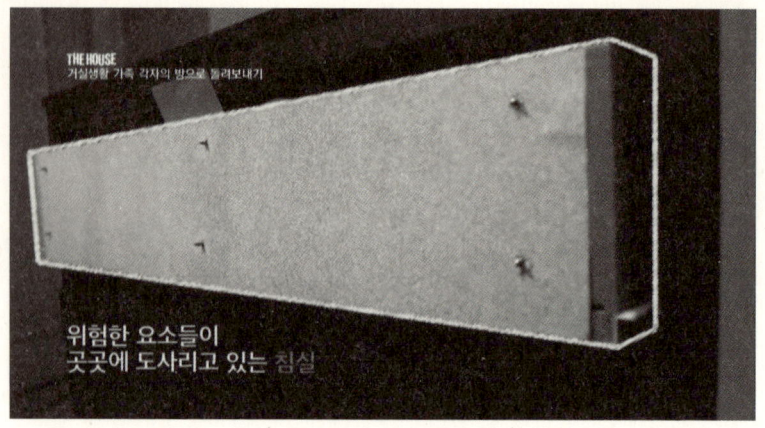

마다 삐걱거리며 소름끼치는 소리를 냈다. 침실 문을 열면 바로 보이는 침대 머리맡은 그 기운이 드세어 자는 사람이 감당하기 어려워 보였다. 실제로 남편은 이 집에 이사 온 후부터 침실로 들어가지 않았다. 이전 집에서는 침실에서 잘 자던 신랑이 이사 온 후부터는 거실에서 TV를 켜놓은 채 잠들었고, 아이들도 방에 들어가려 하지 않았다. 결국 부부와 두 아이는 거실 한가운데서 자야 했다. 부부간에 깊은 대화를 나눌 시간도 부족해졌고 왠지 서먹한 느낌마저 들었다. 이사가 화목한 가정에 장애물이 된 셈이다.

이렇게 공간은 사람에게 좋건 나쁘건 영향을 미친다. 게다가 영향을 받은 사람이 다시 그 공간에 영향을 주므로, 서로 기운을 주고받는 순환 구조가 생겨난다. 공간의 기운이 마음에 안정과 편안함을 준다면 그것만큼 좋은 게 없다. 전통 풍수나 현대 풍수의 관점에서 집과 사무실에 좋은 기운이 머무르게 하는 건 그곳에서 생활하는 사람이 좋은 성과를 내는 데 매우 중요한 요소다.

전통 풍수가 조상의 묏자리를 좋게 하여 후손의 발복을 기대하는 것이라면, 현대 풍수는 생활공간에 좋은 기운을 머물게 하는 것이다. 오피스텔, 아파트 등 집단거주시설에 살고 있는 사람들이 많아졌기 때문에, 고정된 공간 안에서 가구나 소품의 배치로 운을 좋게 만드는 풍수인테리어에 대한 관심도 높아졌다. 바꿀 수 없는 환경에 쓸데없는 노력을 기울이기보다 바꿀 수 있는 것에 관심을 갖는 편이 효율적이기 때문이다. 하지만 이것들을 배우기 전에 우리가 알아야 할 것이 있다. 일이 잘 풀릴 때는 공간에 변화를 주지 말고, 문제가 생기면 그때 환경을 바꿔야 한다. 그래야 새롭게 시작할 수 있는 계기를 마련할 수 있다.

한 지인이 운영하던 병원을 압구정으로 옮긴 후, 하는 일마다 잘 풀리게 되었다고 했다. 다만 고민이 하나 생겼는데, 건물이 이전보다 조금 작아 대기 중인 환자도 불편하고 전체적으로 협소한 느낌이 있어 확장 공사를 하고 싶다는 것이었다. 이 말을 들은 즉시 그를 말렸다. 물론 그 사람의 생년월일시를 받아 사주를 본 것도 아니고, 관상을 보면서 이야기한 것도 아니었다. 또 그 병원에 가본 적도 없으니 풍수도 볼 수 없는 상태였지만, 그래도 강하게 말렸다.

이유는 이렇다. 사업이 잘되고 하는 일마다 잘 풀리는 상황일 때는 집이나 사무실을 옮기는 것이 아니다. 심지어 그 안에 놓인 가구나 소품 등의 배치도 바꾸는 것이 아니다. 사주나 관상 외에도 다른 여러 가지 요인이 있을 수 있지만, 일이 잘 풀리는 데는 이유가 있다. 터가 좋거나 그 외의 여러 요소가 잘 맞는 공간인 것이다. 따라서 현재 상태를 바꾸지 않아야 한다.

한번은 유명한 막국수 집을 소개받아 갔는데, 듣던 대로 아침부터 줄이 길게 늘어서 있고 주차장도 꽉 차 있었다. 부푼 기대감을 갖고 한참을 기다린 뒤 막국수를 먹었다. 하지만 한입 먹고 난 후 크게 실망했다. 면을 좋아해서 맛집 경험이 많은 까닭도 있겠지만, 일반 음식점 기준으로 봐도 그리 맛있다고 할 수 없는 집이었다.

지금도 그 집은 여전히 손님이 많고, 그만큼 많은 수익을 올리고 있다. 최근 다시 한 번 찾아가 그 집의 터와 풍수에 관심을 갖고 보았다.

처음 갔을 때도 기본적으로 산세와 수세가 잘 만나 생기가 응집된 자리라는 느낌을 받았지만, 이번엔 그 낡은 건물의 모양과 출입구를 유심히 살펴보았다.

사무실이나 상가, 음식점은 사람을 끌어들이는 출입구가 가장 중요하다. 방향도 그렇지만 입구가 도로의 어느 쪽을 향하고 있느냐에 따라 생기가 생겨 사람들을 더 끌어들이기도 하고, 들어가고 싶지 않은 공간이 되기도 하기 때문이다. 그 집의 출입구는 도로에서 음식점으로 들어오는 모진 기운을 피하는 자리에 있었고, 건물에 비해 작아 허하지 않고 단단하니 실속이 있었다. 게다가 건물도 장방형의 단단한 모양새로, 돈이 모이는 풍수적 조건을 갖춘게 분명했다.

또 하나 눈에 띄는 건 매번 집이 사람들로 꽉 차서 확장공사도 고려할 만한데 여전히 그 작은 가게를 유지하고 있다는 사실이다. 대신 옆에 별채를 지어 운영하고 있었다. 풍수를 고려한 건지 아닌지 확인은 못했지만 장사가 잘되면 바꾸지 말고 현 상태를 유지하는 게 좋다. 정말 필요하다면 별도의 공간을 마련해서 2호점을 내는 편이 낫다.

집이나 사무실을 보면 그 사람의 취향이나 감성, 일하는 스타일도 알 수 있지만, 그 밖에 가정이 화목한지 일이 잘되고 돈은 얼마나 벌었는지 등도 파악할 수 있다. 집터와 건물, 그리고 실내 인테리어는 눈에 보이는 것보다 더 많은 사실들을 가감없이 보여준다. 다만 우리가 쉽게 알아차리지 못할 뿐이다.

그렇기 때문에 다양한 신호에 귀를 기울여야 한다. 조금 더 세심하게 많은 요소들을 보고 읽으려고 하면, 눈앞의 공간이 하나의 이미지로 그려질 때가 있다. 그런 경험이 쌓이다보면 같은 건물이나 공간을 봐도 다른 사람보다 더 많은 것을 단숨에 읽게 된다. 이런 통찰력으로 세상을 볼 때 삶의 즐거움도 배가 된다.

제 7의 감각

8 장소에도 격이 있다

> **빈**천한 느낌의 동네에서 귀하고 점잖은 느낌의 장소에 이르기까지, 특정 장소나 지역도 마치 사람의 얼굴처럼 격이 있다. 전통 풍수에서 말하는 주변 강, 하천 등의 수세와 산세, 지세뿐만 아니라 현대 풍수에서 강조하는 도로나 건물, 그리고 모이는 사람이나 차량의 동선도 다양한 기운을 만들어낸다.

관상을 볼 때와 마찬가지로 도시의 풍수를 보는 데도 몇 가지 중요 포인트가 있다. 첫 번째는 전체 지역의 이미지를 그대로 느끼고 보는 것이다. 술집이 늘어선 청담동의 한 이면도로는 지나갈 때마다 뭔가 횡

청담동의 한 이면도로

한 바람이 불고, 그 바람이 주변 기운을 흩어지게 하는 분위기였다. 말이 많아 구설이 끊이지 않고, 사람과 돈이 많이 흘러들어오지만 오래 머물지 않는 자리였다. 주변 지역도 구설이나 소송이 끊이지 않는 곳으로 딱히 답이 없어 보였다.

관상에서도 한눈에 들어오는 청탁과 귀천이 가장 중요하다. 장소도 마찬가지다. 직감이 중요하다.

두 번째는 주변 도로와 환경, 건물의 모양이다. 물론 건물 내에서는 문과 창, 화장실의 위치가 중요하다. 일단 건물은 대지에서 모나지 않은 모양새로 올라가야 바닥 면적이 축소되지 않고 장방형^{직사각형}이 되므로, 이때 가장 안정적이고 생기가 있다. 반면 예각이 날카로운 삼각형이나 사다리꼴 모양의 대지는 좋지 않다. 모서리가 없는 원형이 가장 낫지만 그런 대지는 현실적으로 불가능하므로 장방형의 대지가 최선이다.

사무실이나 집 안도 마찬가지다. 고층 주상복합건물에 삼각형이나 사다리꼴 모양의 방이 많은데, 이는 말도 안 되는 세련미를 추구하는 경우다. 가끔 놀러가는 펜션 정도면 모를까 일이나 생활을 하는 공간의 내부로는 적절하지 않은 구조다.

세 번째는 조화와 균형이다. 건물이 있는 대지는 물론이고, 건물의 크기나 높이도 주변 건물과 조화를 이루어야 한다. 물론 낡은 건물을 리모델링한 경우 주변 건물보다 다소 높아질 수 있다. 주변 건물에 비해 지나치게 작거나, 너무 커 홀로 우뚝 솟아있다면 매서운 기운만 모질게 맞을 뿐 좋지 않다. 또 주변 건물에 비해 도로 안쪽으로 쑥 들어가 있는 건물도 장사나 사업에 해가 될 수 있어 흉하다. 눈에 보이는 조화 말고도 역사나 지리, 환경의 조화도 같이 고려해야 좋은 건물이다.

네 번째는 색상이다. 색상도 주변 건물과의 조화를 고려해야 한다. 주변 건물에 의해 기운이 눌리는 경우 강렬한 색상으로 기운을 올릴 필요도 있지만, 일단은 조화가 중요하다. 그 거리나 지역의 랜드마크가 되어 주변을 긍정적으로 변화시키는 정도가 아니라면 너무 튀는 것은 좋지 않다.

자주 지나는 길에 주변 건물을 유심히 살펴보라. 한 달 정도 지나면 제대로 보이기 시작한다. 건물도 사람의 얼굴과 마찬가지다. 건물의 얼굴을 읽을 줄 알면 당신의 삶은 훨씬 풍요롭고 윤택해진다.

 **박성준**의 사람보는 **TIP**

음성, 말투와 습관으로 상대를 파악한다

영화 〈접속 The Contact, 1997〉을 보면 이런 대사가 나온다.

전도연 : 혹시 술 마셨어요?
한석규 : 어떻게 알았어요?
전도연 : 직업병이죠. 목소리만 듣고도 어떤 상태인지 알거든요. 도사가 되면 글자에서도 냄새가 나요.

전도연이 맡은 역은 홈쇼핑 상담원이다. 근무시간 내내 낯선 사람과 전화 통화를 하고 그들의 요구사항과 투정을 받아줘야 한다. 상대의 감정 상태에 따라 대응해야 하기 때문에 목소리나 어투로 상대를 파악하는 데 빠르고 능숙하다.

이 영화에서는 이것을 직업병이라고 표현했는데, 나에게도 비슷한 직업병이 있다. 처음 만난 사람의 얼굴을 하나하나 뜯어보면서 성향을 파악하려고 하고, 미래를 예측하려고 하며, 나와의 관계가 어떻게 될지 가늠해 보려는 습관이다. 공적인 만남뿐만 아니라 사적인 만남에서도 마찬가지다.

한 가지 일을 오래 하다보면 그 일의 특성에 따라 직업병이 생긴다. 영화 속 전도연은 통화 상대의 얼굴을 보지 못하기 때문에 시각보다 청각이 더 발달했을 것이다. 따라서 목소리만 들어도 상대가 어떤 상태인지 안다. 관상에서도 목소리는 매우 중요하다. 목소리에 격이 있기 때문이다.

남자의 목소리는 풍성하고 단단하며 울림이 있어야 좋다. 만일 윤기 없는 메마른 목소리라면 돈이 궁하기 쉽다. 여자의 목소리는 맑아야 한다. 남자가 여자 목소리를 내면 빈천하고, 여자가 남자 목소리를 내면 팔자가 세서 이혼할 가능성이 크다. 특히 괄괄한 목소리는 남자의 기운, 즉 양기가 강해 한 남편만 섬기기 어렵다.

크게 말해도 상관없는 얘기를 굳이 귀에다 소곤대기 좋아하는 사람은 근본적으로 외로움이 크다. 이는 소곤대는 행위로 친밀감을 드러내고자 하는 욕구이며, 실제로는 성품이 악하고 음흉한 면이 있는 사람이다.

말투나 습관으로도 상대를 파악할 수 있다. 언젠가 세미나에 참석했는데 반대 의견을 가진 상대방의 심한 비난에도 끝까지 차분함을 유지하는 패널을 본 적이 있다. 장차 큰 인물이 될 수 있는 상이었다.

반면 입만 열면 과거 성공했던 일들에 대한 자랑을 늘어놓는 사람은 실제로 열등감과 허영심이 많고 거짓말을 잘하는 경우가 많다. 또 말이나 발표를 할 때 유독 손짓을 많이 사용하면서 그 손짓의 범위가 작으면 소심함과 불안함을 드러내는 것이다.

SNS로 운명 읽기_3

말줄임표(…)도 신호다

말줄임표만큼 많은 감정을 담고 있는 단어나 문장은 없다. 이처럼 완벽한 문장부호는 없다. 지금 이 글을 쓰고 있는 순간만큼은 책 제목을 '말줄임표'로 바꾸고 싶을 정도다.

콘크리트 건물과 아스팔트로 가득한 서울에 한강이 없다면, 고수부지의 흙을 밟을 수 없다면 얼마나 숨 막히고 답답하겠는가. 땅은 오행 중 토$^±$이고, 한강은 수*이다. 땅은 물의 흐름을 막으니 물을 극한다. 하지만 땅이 물을 머금지 못하면 모래알같이 되어 절대 땅의 역할을 할 수 없다. 말줄임표도 마찬가지다. 말줄임표 없는 단어나 문장은 상상할 수 없다. 띄어쓰기나 마침표가 없는 문장처럼 답답할 것이다. 때로는 '그리고'의 역할을, 때로는 주의 환기를, 때로는 감정을 부드럽게 전하는 말줄임표는 그야말로 완벽한 문장부호다.

만나서 하는 대화는 제스처나 표정을 볼 수 있기 때문에 상대에 대한 총체적인 이해가 가능하다. 카톡에서는 말줄임표가 그런 역할을 한다. 지금 당장 채팅방에 들어가서 확인해 보라. 말줄임표가 없는 대화는 그냥 가볍고 유쾌한 대화였을 것이다. 말줄임표가 없는 관계는 친하지만 가벼운 관계로, 서로 진지한 이야기는 하지 않을 확률이 높다.

말줄임표는 침묵의 역할을 하기도 한다. 편한 사이는 침묵이 흘러도 어색하지 않듯, 상대가 말줄임표를 곧잘 보낸다면 당신을 편하게 여긴다고 봐도 좋다. 누군가 카톡으로 말줄임표를 보냈다면 그의 이야기를 잘 들어주는 게 좋다. 그건 당신에게 또 한 명의 친구나 애인이 생길 수 있는 기회니깐 말이다.

과거엔 좋았지만 이제 어색해진, 그래도 가끔씩 생각나는 상대가 있는가? 만약 그에게 미안한 마음을 전하고 싶다면 지금 당장 그 이름 뒤에 말줄임표를 찍어 보내라. 그리고 몇 분 정도 쉰 후 당신의 마음을 전달해 보라. 상대도 당신의 고민과 상처를 이해하며 다가올 것이다.

제 7의 감각

첫 만남

부록

언제, 어디에서, 어떻게 만나야 하는가

첫 만남

언제, 어디에서, 어떻게 만나야 하는가

제 7의 감각

1 첫 만남, 어떻게 만나야 하는가

> **사**람을 보는 방법에 대해 충분히 알아봤으니, 이제는 자신감을 갖고 만날 때다. 상대가 사랑하는 이여도 좋고, 사업 파트너 혹은 친구여도 좋다. 상대를 알고 있다는 자신감은 인간관계에서 매우 중요하다. 그런 자신감이 자신을 당당한 사람으로 만들고, 그 모습이 상대에게 매력을 느끼게 한다.

그런 모습은 첫인상에서도 상대에게 강렬하게 전달된다. 첫인상만큼 한순간에 상대방을 사로잡고 이미지를 오래 남길 수 있는 것도 없다. 사람들은 상대방의 얼굴과 표정, 몸짓과 말투, 성격을 보고 자기와 맞는 사람인지 아닌지를 판단한다. 남녀가 만날 때도 단 몇 초 만에 자기 사람인지 아닌지를 구별한다고 하니, 첫 만남만큼 중요한 순간은 없는 것 같다. 따라서 조금이라도 더 매력적으로 보이는 것이 중요하다. 단순히 그렇게 보이도록 포장하는 게 아니라, 진정한 노력이 필요하단 얘기다.

직업 특성상 누군가의 얼굴을 보면 즉시 그 사람 성격과 인생, 격이 느껴진다. 고민이나 문제 해결을 위한 방문이라 냉정함을 유지하려해도, 나도 사람인지라 그 사람에게 호감이나 '참 싫다'는 감정을 느낄 때가 있다. 심지어 상담 방법이나 할애하는 시간이 달라지기도 한다. 따라서 매력적인 첫인상을 만들기 위한 노력은 무엇보다 중요하다.

처음 사람을 만날 때는 시끄럽지 않은 곳이 좋다. 어수선하고 집중이 안 되거나, 설령 값비싼 레스토랑이라도 안에서 하는 대화가 계속 바깥에 들린다면 좋지 않다.

다음은 상대에 대한 마음 씀씀이, 곧 배려다. 배려는 상대에게 금방 전달된다. 아무리 자기중심적인 사람이라도 처음 만난 자리에서는 상대 입장에서 생각하기 위해 노력해야 한다.

자신이 다니는 회사의 사장과 함께 출장을 간다고 치자. 수행원 역할을 잘한다는 것은 과연 무엇일까. 어렵기만 한 사장을 모셔야 하는 데다 출장지가 해외라면 왠지 불안하다. 돌발적으로 어떤 일이 터질지 알 수 없고, 자칫 잘못 처리했다가는 미운 털이 박혀 회사생활이 곤란해질 게 분명하다. 하지만 잘만 해낸다면 사장의 총애를 한 몸에 받을 기회기도 하다. 이럴 때 오직 한 가지만 생각하면 된다.

수행 일정 동안 사장이 생각이나 고민을 하지 않게 만드는 것이 바로 그 방법이다. 다음 일정이 뭔지 궁금해 하거나, 준비가 잘되었는지 걱정하거나, 어떻게 이동해야 하는지 생각하게 해서는 안 된다. 사전에 미리 보고하고, 다음 일정이나 현재 상황을 쉽게 알 수 있도록 도우면 된다.

데이트도 마찬가지다. 호감 가는 상대를 처음 만나는 자리라면 더 그렇다. 상대가 원하는 바를 묻는 것도 좋지만, 식사 장소나 거리 등에 대한 나름대로의 선택지를 몇 가지 들고 있어야 한다. 그래야 상대가 고민하지 않고 편하게 따라갈 수 있다.

한번은 빨대를 끼우고 입구를 꼭 닫은 커피 우유를 받은 적이 있다. 어떻게 보면 별것 아닌 그녀의 행동에 배려가 느껴졌고, 이후로 나는 그 커피를 매일같이 마시기 시작했다. 그 따뜻함과 배려가 나에게 위안이 되었기 때문이다. 인생은 외롭고 힘든 정글에서 살아남는 것과 같다. 그런 정글 속에서 따뜻한 배려만큼 사람의 마음을 사로잡는 것도 없다. 그렇기 때문에 첫 만남에서 가능한 최고의 배려를 보여야 한다.

그런 배려와 함께 상대에게 어필할 수 있는 포인트가 필요하다. 여기서 중요한 점은 자신의 장점 중에서도 한두 가지에 집중해야 한다는 것이다. 여러 가지 장점을 동시에 드러내면 몰입과 집중이 어려워 효과가 약해진다. 게다가 다음 만남에서 또 다른 포인트를 보여주지 못하는 한계에 부딪치기 쉽다. 연속으로 3연타는 해야 진정 '멋진 사람'이 되는 것이지, 한번에 쏟아 부은 여러 포인트로는 매력을 지속적으로 발산할 수 없다.

첫 만남에서 상대의 마음을 사로잡으면 이후의 관계를 긍정적으로 이어가기 쉽다. 이런 능력을 하나하나 갖춰나가면 주변에 사람이 서서히 모여들 것이다. 사람을 끌어당기는 매력은 마력과도 같다. 그 마력은 상상 이상으로 큰 힘을 발휘한다.

제 7의 감각

2 나를 돋보이게 하는 장소는 따로 있다

> 세상 모든 것은 음과 양, 그리고 목, 화, 토, 금, 수의 오행으로 구성되어 있다. 따뜻한 봄이나 더운 여름 날씨에 가벼운 차림으로 밝고 역동적으로 움직이는 모습은 양$^+$이다. 서늘한 가을이나 추운 겨울밤에 무거운 코트를 입고 다소 처진 듯 천천히 걸어가는 모습은 음$^-$이다.

장소와 사람의 관계도 마찬가지다. 우선 사람도 음과 양으로 나뉜다. 사주에도 '음의 사람'과 '양의 사람'이 있고, 관상으로도 음기가 강한 사람과 양기가 강한 사람을 구분할 수 있다.

첫 만남
언제, 어디에서, 어떻게 만나야 하는가

얼굴에 우울함이 묻어나고 항상 주눅이 들어있으며 웃음기라고는 찾아볼 수 없는 사람, 얼굴에 화기가 없어 살아있다는 느낌조차 들지 않고, 같이 있으면 점점 기운이 다운되는 사람은 음기가 강한 사람이다. 표정이 다양하지 않고 묵묵히 일하며 차분히 소임을 다하는 것도 음기에 해당된다. 음기는 인내에 강하다.

음은 차분하고 온순하며, 부드럽고 얌전하며 예의 바르다. 가정적이며, 절약과 양보의 미덕이 있고, 세심하다. 안정과 안전을 좋아하므로 모험, 투기 등에 관심이 없고, 언행이 단정한 것이 장점이다. 단 내성적이며, 결단력이나 어려움을 극복하는 강인성이 부족하고, 다소 의존적이다. 보수적이고 소극적이며, 의심이 많고 집요해 쉽게 꽁하고, 겁이 많아 배짱이 없는 것은 단점이다.

반면 양은 항상 밝고, 감정을 자연스럽게 드러내며 다양한 사람을 만나는 것을 즐긴다. 일도 추진력 있게 밀어붙이지만, 때론 흥분하여 윽박지르는 단점도 있다.

양은 가정적이기보다 사회적이고, 남에게 의존하려 하지 않으며 독립심이 강하다. 부지런하고 솔선수범하며 강하고 배짱과 결단성이 있으며 용맹스럽다. 반면 섬세한 사고가 부족하고 침착하지 못하며, 양보심이 없고 자신감이 지나치다. 개혁을 좋아하고 성미가 급하며 낭비가 심하고 단순, 무모한 면이 있다. 또 투기와 모험을 좋아하며 겉치레, 체면만 세우려 하고 지배욕이 강한 단점이 있다.

남자가 음의 기운이 강하면 사회보다 가정에 중점을 두는 사람이 많고, 보수적이며 아내에 의존하는 경향이 있다. 매사를 독단적으로 처리하지 않고, 집안에서 권위를 내세우지 않으며, 대개 아내와 상의하여 일을 결정한다. 또 귀가 얇아 자칫 남의 유혹에 넘어갈 수 있으나 세심하고 주의력이 있어 염려할 정도는 아니다. 반대로 여성이 양의 기운이 강하면 생활력이 무척 강하다. 여성이지만 남성이 하는 일은 자신도 할 수 있다고 생각하여 남편에게 의지하지 않는다. 이런 여성은 소극적인 남편을 리드하고 앞장서며, 생활에 여유가 있건 없건 사회 일선에 나가 경제활동을 한다. 현대사회에서 남자와 대등하게 경쟁하며 사회 활동을 하는 데 적합한 성향이다. 단, 무뚝뚝하고 애교가 부족할 가능성이 있다.

자신의 기운이 음기와 양기 중 어느 쪽인지 알게 되었다면 이와 반대되는 기운의 장소를 찾아야 한다. 곧 음기가 강한 사람은 양기의 공간을 찾아 그 기운을 중화해야 하고, 양기가 강한 사람은 음기의 장소를 찾아 음양이 균형이 맞도록 해야 한다. 그래야 자신의 매력이 더 돋보인다.

장소에도 음과 양이 있다. 작고 나지막한 건물은 음이고, 크고 직선적인 건물은 양이다. 부드러운 곡선으로 라인감 있게 올라간 모습은 음이고, 장방형으로 쭉 뻗어 올라간 모습은 양이다. 내부 공간도 조금 어둡고 클래식한 느낌이면 음이고, 밝고 화사한 모던 인테리어면 양이다. 어두운 바에서 재즈를 듣고 있으면 괜히 감상에 젖고 생각이 많아진다. 음의 기운이 생긴 것이다. 화창한 봄날 야외에 나가 맑은 하늘과 땅에서 갓 솟아난 꽃들을 보면 삶에 희망이 생기고 욕심도 생긴다. 양의 기운이 동한다.

음양의 기운이 중화된 공간에선 자신의 매력도 돋보이고, 상대도 그 경험을 쉽게 잊지 못한다. 따라서 자신의 기운이 음인지 양인지 판단한 후 이와 반대되는 기운이 있는 공간에서 첫 만남을 갖는 게 좋다.

음이 지나치면 침울하다. 양이 지나쳐도 불안하다. 극한 음은 극한 양을 찾는다. 몸의 자동 조절 기능처럼 스스로 중화하려는 특성이 있기 때문이다. 젊은 남자의 이상형이 보통 얼굴이 하얗고 갸름하면서 긴 생머리를 한 여자인 건 그 모습이 음이기 때문이다. 남자가 여자를 만나 첫눈에 반하는 경우도 그 여자에게서 극한 음을 보았기 때문이다. 마찬가지로 여자가 남자에게 한눈에 반하는 경우도 극한 양의 기운에 여자의 음한 마음이 단숨에 움직였기 때문이다.

다부진 몸의 운동선수가 산 정상에 올라 땀을 비 오듯 흘리고 거친 숨을 헐떡거리며 야성적으로 소리 지르는 모습은 어떻게 보면 그리 아름답지 않다. 심지어 미개한 야만인처럼 느껴지기도 한다. 남성미가 너무 지나치기 때문이다.

우락부락한 남자가 남성적인 허머^{사륜구동의 지프형} 차량를 몰고 다니는 셈이다. 양기로 가득 찬 남성이 다소 투박하지만 단단하고 직선적이며 힘 있는 허머를 모는 건 양이 양을 만나 너무 지나친 모양새다. 이런 경우 아름답지 않고 임팩트도 없다. 양기 가득한 터질 듯한 근육의 남자라면 근육을 살짝 가려주는 루즈한 가디건이나 부드러운 소재의 옷을 입는 편이 오히려 더 효과적이다. 양이 음을 만나 중화해 강렬한 인상을 만든다.

음기가 가득하여 전체적인 인상이 어둡고 침울한 사람은 머리를 다소 짧게 하고 스트레이트나 굵고 긴 컬을 해서 양의 기운으로 보완해 주는 게 좋다. 반면 양기가 가득한 첫인상이 상대에게 부담을 준다면 머리를 조금 길러 컬을 넣는 것도 부드러운 느낌을 더해 음양의 균형을 찾는 방법이다.

몸매는 나올 데는 나온 것이 양이고, 들어갈 곳은 제대로 들어간 게 음이다. 산꼭대기에서 저 멀리 산세를 바라볼 때 아름다운 것은 산의 능선과 산골짜기가 하나의 선으로 이어져, 나오고 들어가는 흐름이 있기 때문이다. 여자의 신체가 곡선이 아닌 일자형 몸매⁺라면 옷을 입을 때 오히려 허리 라인을 강조하고 위아래는 조금 퍼진, 인위적이라도 라인이 살아 있는 옷⁻을 입는 게 좋다. 몸의 곡선이 발달한 여성⁻의 경우 몸매가 드러나는 옷을 입어 라인을 강조하기보다는 박시boxy한 핏의 옷⁺을 입는 게 반전 매력의 효과를 제대로 볼 수 있다.

무엇이든 음양의 조화가 잘되어야 아름답고 운이 트인다. 누군가를 처음 만났을 때 운이 트이면 상대에게 자신의 매력을 어필하고 그 매력으로 좋은 관계를 만들어갈 수 있다.

제 7의 감각

3 카페에도 명당이 있다

> **풍**수는 바람 풍風에 물 수水 자가 합쳐진 말이다. 모질고 강한 바람은 피하되 공간이 빡빡하지 않고 여유가 있어야 좋은 기운이 생기고, 물을 담아 둘 수 있어야 농사짓기에 좋다. 과거 농경 시대에 바람과 물이 그만큼 중요했다는 얘기다.

물론 깊이 들어가면 산세와 수세, 지세도 고려해 땅의 기운으로 운이 트이게 해야 하지만, 결국 목적을 위해 가장 효율적인 환경을 만드는 것이 현대 풍수의 개념이다.

사람을 만날 때도 풍수는 중요하다. 특히 처음 만날 때 '장소'는 아우라 Aura처럼 그 사람의 느낌을 단번에 만들 수 있다. 누군가를 기억할 때 그 사람과 있었던 장소를 따로 떼놓고 생각할 수 없기 때문에, 첫 만남의 장소는 그만큼 중요하다.

카페에서 만난다면 화장실과 가까운 테이블은 최악이다. 사람들의 잦은 이동으로 시선이 분산되어 상대방 이야기에 집중하기 어렵고, 만일 화장실과 맞은편에 놓인 테이블이라면 문을 여닫을 때 보이는 화장실 내부가 유쾌할 리 없다.

또 2층에 자리를 잡는다면 테이블이 계단을 마주보는 자리는 좋지않다. 기운이 순화되지 못하고 심리적으로도 안정이 안 되는 자리이기 때문에 불안함이 있을 수 있다. 마치 복도에 책상을 놓고 일하는 회사원의 모습처럼 집중하거나 안정을 찾기 어려운 자리다.

마찬가지로 1층도 문과 일직선으로 마주보는 테이블은 도로에서 들어오는 모진 기운이 바로 들어와 피하는 게 좋다. 가급적 문에서 대각선 방향의 안쪽 자리가 편안함을 주어 상대에 집중하기 쉬우며, 풍수에서도 문에서 대각선 방향의 공간은 사랑과 재물이 쌓이는 자리로 길하다. 2층이라면 계단을 오른 후 보이는 대각선 부근이 좋은 자리다.

그 외 다 마신 커피 잔을 정리하는 쓰레기통 주변은 좋지 않고, 내부에 큰 기둥이 있으면 강한 기운이 내려오므로 그 옆자리도 피하는 게 좋다. 보통 건물의 중간에 있는 기둥은 건물을 세우기 위해서 구조적으로 힘을 받는 내력 기둥인 경우가 많으니 더 그렇다.

자리에 앉았을 때 문과 카운터가 편안하게 보이고 앞이 막혀 있지 않다면 가장 좋은 자리다. 그런 곳에 자리 잡으면 첫 만남에서 보다 강렬한 매력으로 좋은 결실을 맺을 수 있다.

제 7의 감각

4 상대방과 정면으로 마주보는 위치는 피한다

자신의 매력을 어필할 수 있는 자리를 찾았다면, 그 다음은 서로 어떻게 마주보며 앉아야 가장 적절할지 생각해야 한다. 이때 서로의 눈이 정면으로 마주치는 자리는 피하는 것이 좋다.

"눈은 마음의 창이다"라는 말도 있듯이, 눈은 그저 가만히 보기만 해도 상대의 내면을 쉽게 파악할 수 있는 신체 부위다. 입처럼 말하는 내용이나 목소리 톤 등 분명한 정보가 많지 않아도 눈의 전달력은 놀랍다. 사랑과 미움, 질투와 시기 등 격앙되고 흥분된 마음 상태도 눈을 통해 가장 잘 드러난다.

사람을 볼 때 얼굴에서 가장 먼저 보게 되는 부위도 눈이다. 만약 초면에 낯설어 눈을 마주치지 못한다면 그런 모습이 순수하거나 진정성 있게 보여 호감이 생길 수도 있지만, 공적인 자리라면 다소 전문가답지 않아 보일 수 있다.

한국 사람들은 인사에 매우 인색하다. 미국인은 모르는 사람이라도 눈이 마주치면 최소한 눈인사 정도는 한다. 하지만 우리는 길 가다 눈이 마주치면 "상대가 눈을 깔지 않아서" 때렸다는 등, "자기를 노려봐서" 싸우게 되었다는 등 눈이 마주치면 적대적 감정을 갖는 경우가 많다.

따라서 서로 정면으로 눈을 보는 위치는 샅바를 잡고 서로의 어깨를 밀어붙이며 도전하는 모양새라 불편해지기 쉽다. 서로의 마음과 성향을 어느 정도 파악한 후에는 정면으로 보는 자리가 정겨울 수도 있지만, 첫 만남이라면 마주본다고 해도 대각선 자리에 앉거나 가급적 원형 테이블에 비스듬히 앉고, 사각형 테이블이라면 니은(ㄴ) 자로 앉는 것이 심리적으로 불편하지 않다.

처음부터 지나치게 사적인 이야길 꺼내거나 다짜고짜 본론으로 밀고 들어오면 누구나 부담스럽다. 누구나 자신만의 영역이 있고, 친밀감을 쌓는 속도도 다르기 때문이다. 물론 상대가 먼저 내밀한 이야기를 꺼내 다가온다면 자신도 그만큼 마음을 여는 모습을 보여줘야 한다. 하지만 그런 경우가 아니라면 조금 느긋한 태도로 기다려주는 것도 상대의 마음을 움직일 수 있는 큰 힘이 된다. 그리고 그 힘은 이런 사소한 자리 배치에서부터 나온다.

제 7의 감각

5 자신의 장소에 초대한다

익숙하다는 건 마음이 안정된다는 것이다. 마음이 안정되어야 자신의 가장 자연스러운 모습을 상대에게 보여줄 수 있다. 첫 만남이 좀 어색하거나 낯설 수 있겠다는 생각이 들면 상대가 정하는 장소에 가기보다 자기가 익숙한 곳에서 만나는 것도 방법이다.

모델처럼 일반인이 다양한 표정과 자세를 자연스럽게 취하며 사진을 찍는 건 여간 불편하고 어려운 일이 아니다. 해본 적이 없으니 더 불편하다. 하지만 누가 편하게 말 걸어 주거나 자연스러운 움직임을 유도해 주면 그렇게 어렵지 않다.

게다가 장소가 자기 집이나 사무실 등 평상시 자주 이용하는 곳이라면 더 쉬워진다. 한층 더 편안한 마음으로 자연스러운 표정과 자세가 나올 수 있다. 무슨 일을 하든지 자연스러운 환경을 만드는 게 중요하다. 자연스러움은 당당함에서 나온다. 그것은 사람에게 편안함과 자신감을 불어 넣는다.

자신에게 익숙한 장소라면 여러 번 이용했을 것이다. 자신의 물건이나 추억이 서려 있는 공간은 편안함을 준다. 상대가 그 공간에 익숙하지 않다면 자신에게 의존하기도 쉽다. 그렇게 되면 일단 자기가 주도하여 만남을 이끌어갈 수 있고 자연스러운 대화도 가능하다.

제 7의 감각

6 기가 눌려서는 곤란하다

> 누군가에게 무시당한 것 같은 기분이 든 적 있는가. 나름의 사정이 있겠지 하며 위안하고, 오해일 거라고 생각해 봐도 여전히 기분이 언짢고 불쾌했던 적이 있는가. 그런 생각이 몇 번이나 들었다면 당신은 무시당한 것이 맞다. 더 불쾌한 마음이 드는 게 두려워 받아들이지 않았을 뿐이다. 좋은 관계로 만나야 하는 사람이라면 더욱 그렇다. 상대에 대한 미움이 생겨 어색하고 불편해지기 때문이다.

새로운 사람을 만날 때 상대에 비해 자신의 경력이 미천하게 느껴질 수 있다. 사람마다 천성과 타고난 능력, 전문 분야가 다르기 때문에 그 결과도 다를 수밖에 없다. 그런 사실을 감안해도 여전히 자신은 상대에 비해 보잘것없으며, 어쩌면 만나서 거절당하거나 무시당할지 모른다는 생각이 머릿속을 꽉 채울 수 있다. 과거에 아팠던 기억이 머리 한구석에 자리 잡고 있다.

주눅이 들어 있다는 것은 자신감이 없다는 것이다. 당당함이 없는 당신에게 상대방이 매력을 느낄 리 없다. 심리적으로 위축되면 불안한 마음이 지속되고 그런 상태로는 자신의 실력을 십분 발휘할 수 없다. 낙천적인 사람이라도 첫 만남은 다소 긴장하기 마련인데, 이런 마음으로는 백전백패다. 안 만나느니만 못한 결과가 나올 것이 뻔하다.

이럴 때는 비록 작은 것이라도 과거에 뭔가를 성취하고 성공했을 때의 모습을 떠올려 보면 도움이 된다. 누구나 일이 잘 풀릴 때가 있고 안 풀릴 때가 있기 마련이다. 그리고 작은 일이라도 성공해서 기분이 들떴던 경험은 있을 것이다.

성공의 경험에서 오는 자신감은 지금 하고 있는 일도 긍정적인 결과를 낼 수 있다는 확신을 준다. 그리고 그런 확신이 성공으로 이어진다. 반대로 실패했다면 한 템포 쉬어야 한다. 실패했다는 부정적인 생각이 머릿속에 맴돌아 계속 실패의 늪에 빠질 가능성이 높기 때문이다.

성공했던 기억을 충분히 떠올렸다면, 그 다음은 자신이 가장 좋아하는 옷을 입고 시계, 볼펜, 노트 등 소지품 하나를 갖고 가는 것이다. 새 옷과 새 구두도 좋을 수 있지만, 몸에 익숙하지 않기 때문에 불편하고 괜한 신경을 쓰게 될 우려가 있다.

소지품은 지금까지 당신과 많은 경험을 함께한 물건이다. 그 물건은 당신이 성공이나 실패를 했을 때 느꼈던 다양한 감정을 기억하고 있다. 함께해 왔다는 것은 익숙하고 편하다는 의미이기 때문에 안정감을 준다. 자신의 물건이나 애장품으로 둘러싸인 공간에 있으면 우리는 큰 편안함을 느낀다. 그런 공간을 상징하는 소지품 하나만 있어도 의지할 수 있는 구석이 생긴 셈이다. 여성이라면 목걸이나 반지, 귀걸이 중에 특히 마음이 가고 자신에게 잘 어울리는 것을 고르는 것도 괜찮다.

성공했을 때의 감정과 그 기억으로 자신감을 갖고, 오랫동안 함께해 온 소지품으로 편안함을 느낄 수 있다면 상대가 누구라도 해볼 만하다. 그렇게 당당함을 갖고 시작한다면 이미 반쯤은 성공한 셈이다.

제 7의 감각

7 이미지를 그리고 꿈을 꾼다

> **자**수성가로 성공한 사람들의 공통점이 하나 있다. 가깝거나 먼 미래에 자신이 어떤 모습일지 끊임없이 상상하고 그 비전을 그려 나갔다는 것이다. 그들은 그렇게 자신감을 얻고 반드시 이루어내겠다는 의지를 불살랐다.

인생은 꿈꾸는 대로 변하고, 상상한 만큼 바뀐다. 10년 뒤 자신의 모습을 상상하면 시간이 흐른 뒤 딱 그만큼의 위치에 있는 자신을 발견할 수 있다. 이렇게 잠재능력의 가능성은 대단하다.

내일 있을 첫 만남이 불안하다면 약속장소로 당당하게 가는 자신의 모습과, 자신 있게 악수를 청하는 모습을 그려본다. 그리고 화기애애한 분위기에서 대화를 마치는 자신을 떠올려본다. 이렇게 시간과 장소에 따라 시뮬레이션을 하면 실수를 최대한 줄일 수 있다. 게다가 실제로 만났을 때 잠재 능력을 발휘하여 더 좋은 결과를 낼 수 있게 된다.

상대와의 관계도 자신이 말하고 규정하는 대로 이루어질 확률이 높다. 누군가에게 "당신은 의외로 친절하고 정이 많은 사람이다"라고 말하면, 그 사람은 당신이 만들어 준 자기 이미지에 반하는 말이나 행동을 하기 힘들다. 본래 자신의 성격과 상관없이 친절하고 다정하게 행동할 가능성이 높아진다. 현재 관계에 따라 극단적인 상황에 놓여도 그 이미지만큼은 어떻게든 지키려고 할지 모른다.

이는 사적인 관계에서도 마찬가지다. 처음 며칠이나 몇 주만 봐도 앞으로의 관계를 예측할 수 있다. 도중에 상대가 나를 지치고 힘들게 할 것 같은 예감이 들어도, 그걸 그대로 말하는 것은 자신에게 아무런 도움이 안 된다. 오히려 그 말대로 될 가능성만 높일 뿐이다.

상담을 받으러 오는 사람의 80% 이상이 여성이지만, 가끔씩 남성이 찾아올 때가 있다. 아내나 여자 친구의 손에 이끌려온 게 아니라면 심각한 고민 끝에 찾아온 경우가 대부분이다. 한번은 연애 문제로 골머리를 앓고 있던 30대 중반의 남성이 찾아왔다.

그는 최근 업무 관계로 알게 된 여성을 우연히 술자리에서 보았고, 그것을 계기로 좋은 감정을 갖고 만나는 중이라고 했다. 그러나 애매모호한 그녀의 태도 때문에 어찌할 바를 모르고 있었다. 가만히 이야기를 들어 보니 그녀의 그런 태도는 천성적인 부분도 있지만, 그 남자가 원인 제공을 한 부분도 있었다.

한번은 외박을 하고 돌아오는 그녀와 마주친 적이 있었다. 아직 정식으로 사귀는 사이는 아니라는 생각에 뭐라고 하지는 못하고 속만 끙끙 앓았다. 결국 그는 친구 집에 있었으니 신경 쓰지 말라는 그녀의 말을 믿어주기로 했다.

하지만 대화 도중 "왠지 너 때문에 앞으로 많이 힘들 것 같다"라는 말을 꺼냈고, 그녀는 말이 씨가 되니 그런 말은 하지 말라고 했다. 그날 이후로 둘의 관계는 어긋나기 시작했고, 결국 헤어지자는 말도 하지 못한 채 흐지부지 끝나는 상황이 되었다고 한다.

상대와의 관계에 대해 부정적인 말을 뱉으면 당장 속은 시원할지 모르지만 둘의 관계에는 도움이 되지 않는다. 특히나 첫 만남이라면 그런 생각이 들어도 절대 말해서는 안 된다. 시뮬레이션 대로 자신감 있게 상대를 대하고, 부정적인 말보다 긍정적인 말을 주고받을 때 관계가 돈독해진다.

제 7의 감각

8 박수칠 때 떠난다

> 조금 더 대화를 나누고 싶다는 마음이 들 때야말로 자리를 박차고 나가야 하는 중요한 타이밍일 수 있다. 상대는 기억한다. 만났던 장소, 당신과 나눈 이야기, 그리고 당신의 표정과 음성, 말투까지도. 마찬가지로 감정도 기억한다. 지루했는지, 처음에는 좋았지만 갈수록 별로였는지, 아니면 처음에는 그저 그랬지만 갈수록 매력적이었고 결국 헤어지게 되어 아쉬웠는지 등등, 감정은 기억에 뚜렷이 남는다.

그리고 시간이 지날수록 지난 추억이 아름다워 보이듯이, 그때의 기억도 더 좋아 보이기 마련이다. 거기에 어느 정도 매력적인 단서를 상대에게 보였다면, 상대는 분명 당신을 한 번쯤 더 만나고 싶거나 아니면 많은 시간을 함께 보내고 싶을 것이다. 헤어지는 순간의 감정만큼 중요한 것은 없다. 분위기가 괜찮을 때 떠나라.

단지 이야기가 잘 진행되고 좋은 분위기일 때만 해당되는 게 아니다. 어색하고 뭔가 석연치 않은 분위기라면 최소한 평범한 수준(?)까지는 끌어올려 놓고 헤어져야 한다. 아니면 더 이상 나빠지지 않는 상태에서 물러나야 한다.

왠지 이야기가 잘 풀리지 않고 실마리를 찾지 못할 때도 적당한 타이밍에 다음 약속을 정하고 멈춘다면 앞으로 기회가 있을 수 있다. 적어도 '이 사람은 정말 아니다'라는 부정적인 인상은 남기지 않을 수 있다. '정말 아니다'라는 인상을 남겼다면 정말 심각한 경우다. 그 짧은 만남으로도 혹시 당신이 다른 누군가와 만나거나 사업을 진행하려고 할 때 지독한 방해꾼으로서의 역할을 할지도 모르기 때문이다.

어떤 골키퍼는 감독의 눈에 들려는 심산으로(적어도 내 눈에는 그렇게 보였다) 갑자기 볼을 차고 나가다 상대 선수에게 빼앗겨 실점의 위기까지 간 적이 있다. 그 순간 감독의 눈치를 보던 그의 멋쩍은 얼굴이 워낙 강렬했기 때문에 지금도 기억이 선명하다. 결국 그날 이후 그 골키퍼는 그 감독이 있는 경기에서 볼 수 없었다.

조급해하거나 초조해하지 않고 당당하게 멋진 퍼포먼스를 펼친 후 그 '기승전결'의 클라이맥스에서 아쉬움을 남긴 채 헤어진다면, 앞으로 더 큰 매력을 발산할 기회를 잡은 것이다. '기기기승'으로 뭔가 진전이 없는 상황이라면 적당히 받아들여 포기하고 나쁘지 않게 마무리할 수 있어야 멋진 선수다. 매번 잘될 수는 없다. 잘될 확률을 높이는 것이 최선이다. 그렇게 하나하나 경험을 쌓아가면 그 경험들이 모여 결국 자기 자신이 되고, 자신에 대한 사람들의 평가가 된다. 그리고 그 평가는 최고 시청률을 기록한 방송의 예고편처럼 사람들로 하여금 기대감을 갖고 자신을 찾게 만들 것이다.

두 수를 앞서 읽는 인간관계 운영법
제 7의 감각

펴낸이 유재영
펴낸곳 동학사
지은이 박성준
기획 유정융, 이준혁
편집 유정융, 이준혁
디자인 임수미
본문 일러스트 배운재
인쇄 스크린그래픽

1판 1쇄 2015년 1월 23일
1판 2쇄 2015년 2월 16일

출판등록 1987년 11월 27일 제10-149
주소 121-884 서울 마포구 토정로 53(합정동)
전화 324-6130, 324-6131
팩스 324-6135

E-메일 dhsbook@hanmail.net
홈페이지 www.donghaksa.co.kr
　　　　　www.green-home.co.kr

ⓒ 박성준, 2015

ISBN 978-89-7190-472-5 13320

※ 잘못된 책은 바꾸어 드립니다.
※ 저자와의 협의에 의해 인지를 생략합니다.